公共图书馆建设管理及其智慧化发展新路径

李 凡 著

中国出版集团　现代出版社

图书在版编目（CIP）数据

公共图书馆建设管理及其智慧化发展新路径 / 李凡著 . -- 北京：现代出版社，2023.8

ISBN 978-7-5231-0499-6

Ⅰ.①公… Ⅱ.①李… Ⅲ.①公共图书馆-图书馆工作-研究 Ⅳ.①G258.2

中国国家版本馆 CIP 数据核字（2023）第 152348 号

公共图书馆建设管理及其智慧化发展新路径

作　　者	李　凡
责任编辑	袁　涛
出版发行	现代出版社
地　　址	北京市朝阳区安外安华里 504 号
邮　　编	10011
电　　话	010-64267325　64245264（传真）
网　　址	www.1980xcl.com
印　　刷	三河市宏达印刷有限公司
版　　次	2023 年 8 月第 1 版　2023 年 8 月第 1 次印刷
开　　本	185 毫米×260 毫米　1/16
印　　张	10.75
字　　数	241 千字
书　　号	ISBN 978-7-5231-0499-6
定　　价	68.00 元

版权所有，侵权必究，未经许可，不得转载

前　言

公共图书馆的建设和管理在于创造和维护一个可以提供知识和信息的公共空间,从而满足公众的学习、阅读和研究需求。一个优良的图书馆设计和管理使得所有人都能在此找到他们所需要的资料,享受到阅读的乐趣,并在此获取新的认识和灵感。有效的图书馆管理保证了图书馆能够持续提供这些重要服务,满足社会的变化需求,同时也使得图书馆能够适应新的科技发展,如数字化、网络化和智慧化。公共图书馆的智慧化发展是指公共图书馆在运营和服务中大规模应用信息技术,包括人工智能、大数据、云计算和物联网等,以提高服务效率、提升用户体验和满足更多样化的阅读需求。公共图书馆的智慧化发展是公共图书馆应对现代社会挑战,提升服务质量,以及满足公众需求的重要途径。

基于此,笔者撰写《公共图书馆建设管理及其智慧化发展新路径》一书。本书以公共图书馆的基础知识为切入点,探讨公共图书馆建筑空间及服务创新,思考公共图书馆文献资源建设,进而研究公共图书馆管理与服务智慧化、公共图书馆用户管理与智慧化发展、智慧图书馆建设与发展等相关内容。

本书体系完整、层次清晰,基于理论与实践相结合,书中内容多源于公共图书馆的实际工作,可读性和实用性较强,所提出的观点和模式,对读者了解公共图书馆建设管理状况和发展前景有一定的参考价值。

在本书的写作过程中,笔者得到了许多专家学者的帮助和指导,在此表示诚挚的谢意。由于笔者水平有限,加之时间仓促,书中所涉及的内容难免有疏漏之处,希望各位读者多提宝贵意见,以便笔者进一步修改,使之更加完善。

目 录

第一章　公共图书馆的基础知识 ································· 1
　　第一节　公共图书馆的产生与发展 ································· 1
　　第二节　公共图书馆的职能表现 ··································· 14
　　第三节　公共图书馆的基本特性 ··································· 18
　　第四节　公共图书馆服务与功能拓展 ······························· 20

第二章　公共图书馆建筑空间及服务创新 ························· 23
　　第一节　图书馆建筑与图书馆空间概述 ···························· 23
　　第二节　公共图书馆特色阅读空间建设 ···························· 34
　　第三节　空间再造视角下主题图书馆建设 ·························· 36
　　第四节　公共图书馆智慧化空间服务模式 ·························· 42

第三章　公共图书馆文献资源建设的思考 ························· 48
　　第一节　公共图书馆文献资源选择与采访 ·························· 48
　　第二节　公共图书馆特色馆藏文献资源建设 ························ 58
　　第三节　公共图书馆馆藏文献资源建设的评价 ······················ 67
　　第四节　智慧化趋势下基层图书馆资源整合与共享 ·················· 73

第四章　公共图书馆管理与服务智慧化 ··························· 76
　　第一节　公共图书馆管理的意义及特点 ···························· 76
　　第二节　公共图书馆管理的常用模式 ······························ 78
　　第三节　公共图书馆的基本服务内容 ······························ 86
　　第四节　智慧公共服务中的公共图书馆智慧化 ······················ 95

— 1 —

第五章 公共图书馆用户管理与智慧化发展

第一节 公共图书馆的用户及管理意义 …… 103

第二节 公共图书馆用户信息对管理的影响 …… 110

第三节 公共图书馆用户调查与合作 …… 115

第四节 公共图书馆读者证管理及智慧化发展 …… 121

第六章 智慧图书馆的建设与发展探究

第一节 智慧图书馆及建设理论 …… 125

第二节 智慧图书馆建设的支撑技术 …… 135

第三节 元宇宙与智慧图书馆建设 …… 148

第四节 基于智慧城市理念的公共图书馆建设 …… 153

第七章 公共图书馆城市书房建设与发展

第一节 城市书房的功能及特征 …… 158

第二节 城市书房的建设现状 …… 159

第三节 城市书房发展的优化路径 …… 160

参考文献 …… 163

第一章 公共图书馆的基础知识

第一节 公共图书馆的产生与发展

图书馆是在特定的背景下产生的，它的诞生以浓厚的文化背景为依托，一是文字的诞生，二是所留存的文献。文字的价值就在于记录事件，传达信息，它是不可替代的书写符号。文字产生的过程中，几个节点十分关键——象形文字的诞生是埃及人智慧的彰显，它的另一个名字被称为圣书字；楔形文字是文字发展史上的另一个高峰，苏美尔人为文字的产生做出了不朽的贡献；商朝人对于有文字发展在世界文字发展史上得到了较大的认可，甲骨文是他们不朽的杰作。文字诞生以后，相应的载体也就随之出现。在文字数量不断上升的背景下，为了使记录更为真实，对事物的情感流露更加准确，文献也就随之而出现。文献是指记录有知识和信息的一切载体。例如埃及的纸草卷、我国古代的甲骨文献、金石文献、泥陶文献、简帛文献等，都是不同载体的文献；再比如现在的纸质文献、光盘、缩微胶卷等也是不同载体的文献。由于文献记录、展示、保存了文字，所以文献是人类文明传承延续的集中体现。伴随文献数量的不断增加，将文献有序保存的需求逐渐出现，人们需要有一个地方保存文献，并且要有专人来管理文献，这样图书馆就应运而生了。

一、公共图书馆的产生及概念界定

相对其他类型的图书馆，公共图书馆起源比较早。中国图书馆是进入近现代才兴建创办的，是社会进步和文明发展的产物。也可以说是民众有这个需求，大批社会有识之士、先贤名士积极倡导促进、达成共识，方才兴建起一个个服务于民的公共图书馆。中国历史上是封建、半封建的社会，能掌握知识文化是极奢侈的，知识文化、图书文献、技术资讯信息等等这些东西都是为皇家所有、士大夫家族和达官贵族独享、独传的，一直到了近代，也就是20世纪初，真正的文明之光，知识文化普惠民众之光才照进了社会民间，一大批先贤名士觉醒，为了民族、国家兴亡、图强求存，才有了倡导兴办设立公办、普惠民众的公共图书馆，将历史上一些书院藏书汇集到一起，购置收藏各类图书典籍、现代知识文献读物，以图书馆来提供惠及社会民众的学习、教育服务，才有了发展到今天的面向广大人民群众服务的各级各类图书馆。

根据《中华人民共和国图书馆法》，公共图书馆指的是国家或者是区域性政府部门予以资助与管理的公共文化性质的设备设施，承担着为社会大众提供免费服务等多项职能。因此，公共图书馆的核心特征包括政府的综合管理和领导、社会的公益性、归属于国有资产、归于事业单位的定义范畴，承担履行社会文化与社会教育功能的综合性社会服务组织。

公共图书馆的服务对象从儿童到老人，从普通居民、工人、农民到专家学者，服务各年龄段、各种不同职业市民需求，提供各种图书、期刊、报纸、数字信息等资源，提供阅览服务、参考咨询、文化活动等服务。公共图书馆是保障公民文化权益的基础阵地，是开展社会教育活动的终身课堂，是城市文明进步的显著标志，是现代公共文化服务体系的重要组成部分。

二、公共图书馆的发展历程

公共图书馆在21世纪开始有了新目标，即实现图书馆现代化，以使公共图书馆能够反映社会发展需要，而这个目标在20世纪八九十年代已经初见端倪。40年弹指一挥间，公共图书馆在改革开放之后发生了巨大变化。如果将19世纪末20世纪初的中国图书馆称为封建式图书馆，那么，20世纪末21世纪初的中国图书馆就是现代性的图书馆，这是图书馆进行转型的时间转折点。公共图书馆事业的发展受到经济、社会和文化发展水平的制约，不同国家对图书馆事业的整体建设既相同又不同。发展公共图书馆事业应当适应科学文化教育以及国民经济的整体发展水平。也就是说，公共图书馆的发展和人类社会文明的发展密不可分。

随着社会的进步，公共图书馆已经由传统的封闭型转为现代的开放型，由单一的藏书楼形式演变为集收藏、使用、宣传、教育等多种职能于一体的文化服务机构。从古至今，公共图书馆的发展历程大致可分为三个阶段。

（一）第一代图书馆

第一代图书馆是统治者和知识贵族、士绅私有，它的主要作用是典藏。图书馆具有保存文化载体的功能，人类为了使自己的文化永久并有效地保存，发明了文字与载体，由此产生了文献。文献是由记录符号、知识内容和记录载体三个要素组成的。文献的大量产生必须要建立专门的场所收藏和有专门的文献管理人员，因此，图书馆从产生起的职能就是作为人类记忆的工具。

世界上现已发掘的古文明遗址中时间最早、规模最宏大、保存最完整的图书馆，约在公元前3000年前两河流域的美索不达米亚。古代亚述国王亚述拔尼拔，在王城尼尼微建立了有着2.5万"册"泥板书的图书馆。书吏用方头铁笔在湿泥板上刻写楔形文字，然后焙干。这座图书馆中的藏书门类齐全，包括数学、哲学、占星学、语言学、文学以及医学等各类著作，几乎包括了当时的全部知识。从图书馆的这些藏书分类来看，当时的亚述人已懂得图书需要分类和编目。这也反映出当时已经形成了一套比较完整的目录体系。我国的图书馆也有着悠久的历史。但是在古代并不称作"图书馆"，而是称为堂、府、阁、观、台、殿、院、楼。如宋朝的崇文院、西周的盟府、隋朝的观文殿、两汉的石渠阁、四库全书七阁、东观和兰台、明代的澹生堂等。公元前13世纪时，我国的殷代王室保存的典籍是刻写在兽骨和龟甲上的甲骨文。殷墟出土的甲骨窖藏（YH127坑17096片），被视为图书馆的萌芽。

（二）第二代图书馆

第二代图书馆变为社会公有，其作用在基本的典藏基础上增加了借阅流通功能。纽约皇后区公共图书馆建立于1858年，位于法拉盛区域，其鼓励用书而非藏书，19世纪末，一些地方图书馆在皇后区西部的斯坦威、长岛市和阿斯托利亚成立。1896年这些图书馆合并成为长岛市公共图书馆，皇后区1901年被划分于纽约市管辖，之后经纽约市政府提议七个图书馆合并成为皇后区公共图书馆。

通常认为，中国最早以图书馆命名的公共图书馆在武汉。1902年，湖广总督张之洞、湖北巡抚端方联合奏请清廷设立湖北省图书馆，获准筹备，并于1904年8月27日开馆。1909年（宣统元年）初，清政府颁布《京师及各省图书馆通行章程》，标志着我国公共图书馆事业的开端。1910年京师图书馆成立，历经几番更名，至1998年正式命名为国家图书馆。新中国成立初期我国图书馆的数量约为55个，因当时国家的经济能力有限，图书馆的数量增长极为缓慢，在中华人民共和国成立后的一段时间里，公共图书馆的运行是由行政指令推动的，目的是满足政治需要。1960年至1970年，受国内政治因素的影响，图书馆的数量增长率一度为负。改革开放后，公共图书馆逐渐回到正轨。之后，图书馆事业得以迅速恢复和发展，截至1987年底，县以上的图书馆数量达到了2440个。20世纪90年代中期，全国已有公共图书馆2615所，县级以上公共图书馆格局基本建成，很多街道、农村、乡镇都建立了公共图书馆。2004年，随着"百年图书馆精神"系列纪念活动以及"21世纪新图书馆运动"的兴起，加之国家政策逐渐注重以人为本和普遍均衡，图书馆理念研究的热潮出现，一些公共图书馆的改革成功体现了"公益、自由、平等"的公共图书馆思想。十几年来，我国公共图书馆的数量逐年增加，目前已经基本达到了全行政区域覆盖。

随着我国经济实力的增强和科学技术的发展，以及在构建和谐社会、构建学习型社会、实现全民阅读等多方面的政策推动下，公共图书馆的发展更加受到社会各界重视。通过实施文化信息资源共享工程等重大文化项目和国家的支持，全国公共图书馆设施条件不断改善，公共文化产品日益丰富，服务能力有所提高，社会效益显著增强。

伴随信息时代的到来和现代科学技术的发展，特别是计算机技术在图书馆领域的应用，公共图书馆在管理模式和馆藏模式等方面发生了很大的变化，自助借还机、自助办证机、自助检索机等的产生，使图书馆从早期的手工管理服务模式向以缩微技术、计算机技术、声像技术为标志的现代化模式发展。

（三）第三代图书馆

第三代图书馆为社会公有，其作用已经变得越来越多样化，除了具有典藏、借阅流通功能外，已经变成了满足大众多样化需求的公共空间。公共图书馆探索通过组织研讨活动、讲座、书评、展览等，挖掘公共图书馆作为公共空间的价值，来吸引更多的读者到公共图书馆。

从古代的藏书馆到现在具有多功能的复合型图书馆，公共图书馆的发展变化与人类社会文明相互推进、密不可分，20世纪初期，融合了西方近代公共图书馆办馆理念并开始进行开架借阅的藏书阁是我国公共图书馆的原型，经过了几代爱国志士和图书馆学者的努力，公共图书馆理论逐渐发展和完善，在政府等方面的支持下，公共图书馆如雨后春笋般建立起来。在经历了战乱的破坏后，终于从20世纪80年代进入了稳步发展的时代。公共图书馆逐渐实现了全面免费开放，在信息技术飞速发展以及人民日益丰富的精神文化需求的影响下，公共图书馆应及时转变观念、改善管理、积极运用新技术、创新读者服务，为广大读者提供更方便、更多样化的服务，并推动全民阅读，引领社会文化风潮。

公共图书馆建设仍然任重道远，相信经过中国图书馆人的不懈追求与努力，会把公共图书馆建设得更好。

三、公共图书馆发展的特征及趋势

（一）新业态背景下公共图书馆发展的特征

新业态是指基于不同产业间的组合、企业内部价值链和外部产业链环节的分化、融合、行业跨界整合以及嫁接信息及互联网技术所形成的新型企业、商业乃至产业的组织形态。新业态背景下公共图书馆发展呈现出以下特征：

1. 注重用户数据

一方面，长期以来，传统图书馆往往过于重视文献资料等机构化数据的采集，忽视用户信息的收集，但是在新业态下，除了加强文献资料数据的采集，还要对采集的数据进行分析、挖掘、整合，让它们产生更多有利的价值，以提升公共图书馆的核心竞争力。

另一方面，公共图书馆要提升读者服务质量，就需要借助科技的力量，对计算机和大数据进行运用，完善非结构化和半结构化的数据，重视用户信息和数据的收集，对这类数据进行分析、分类挖掘，发挥其价值和意义，为公共图书馆的服务提供参考依据，实现图书馆服务和业务的融合发展。

2. 探索大数据服务

新业态背景下，人们的日常活动轨迹都或多或少地被信息系统记录一些信息数据。把这些信息数据进行收集、挖掘、整合及分析之后，就可以还原一个社会个体的运行轨迹和全景，这就是大数据分析的结果。公共图书馆要想取得发展，避免边缘化，就必须对大数据进行探索，引进大数据和计算机技术。

一般来说，公共图书馆可以采取以下两种大数据服务方式：一是图书馆大数据。例如读者的检索历史、借阅习惯等，是对现有资源进行收集、分析、挖掘。二是用户大数据，这类分析是针对公共图书馆的用户群体信息进行参考，分析用户所需的，但是无法对全部的用户进行分析，可以通过其他渠道获得客户大数据信息，但是会面临技术和知识产权的问题，解决这些数据所面临的问题也是公共图书馆创新发展的关键。

3. 利用数据分析工具

大数据业态下，用户在互联网上的轨迹无时无刻不在产生着半结构化和非结构化的数据，如果可以收集到这些数据，对数据进行挖掘分析就可以更好地研究人们的关联性和需求性，对需求进行分类，制定数据模型，提高个性化推广精确度。对公共图书馆来说，迫切需要提升大数据技术以促进图书馆的发展，提升竞争力。目前已应用的分析技术有网络分析、数据融合、数据分析挖掘、可视化分析、数据聚成等。特别是可视化分析、聚类分析及数据挖掘技术对图书馆数据技术分析起到了促进作用。

4. 提升图书馆服务智能化

借助大数据技术，公共图书馆可以提供智能化服务，新业态背景下图书馆对技术的要求也越来越高，智能化服务的程度也更上一个台阶。

首先，从公共图书馆自身来看，图书馆提高智能化水平可以处理复杂的数据工作，既能节省人力物力，又可以实现人工无法完成的工作。

其次，从读者来看，智能化程度可以提升服务水平，读者可以更加轻易便捷地获取需要的文本、视频、图片等信息，节约读者的信息搜索时间，提高读者的阅读体验感。

最后，从知识流通来看，有利于知识由隐性向显性转变，有利于知识的挖掘、发现、整合。对于图书馆的知识流通来说，智能化的发展可以提高知识的传播。

5. 同步关注阵地服务和网络服务

在新业态背景下，公共图书馆在探索服务创新的过程中，加强对网络在线服务的重视，也重点关注线下阵地服务的多元化开发，力求能通过完善服务体系的构建，形成新的服务模式，确保能实现对阵地服务和网络服务的协同发展，从而展现图书馆服务的独特魅力，真正发挥公共图书馆在提供公共文化服务方面的优势。

6. 资源无限支撑服务无限发展

对新业态背景下公共图书馆读者服务的创新发展情况进行分析，能看出在新业态背景下，读者服务发展过程中全面加强对数字技术和大数据技术的重视，对读者服务资源进行了全面整合，归纳整理了多种类型的图书资源，在一定程度上使互联网信息技术的支持下图书馆发展过程中能实现对资源的无限整合，可以在海量的资源中筛选出合适的资源为读者群体提供相应的资源供给服务，服务效能也得到了显著的提升，对于新时代背景下服务模式的重新构建产生着重要的影响。

7. 服务工作突出强调个性化

在中国社会经济体系建设呈现出全新发展状态的情况下，社会大众对公共文化服务的需求也呈现出多元化的发展状态，公共图书馆在发展过程中，为了满足读者群体的需求，需要结合大数据技术和人工智能技术对读者的个性化服务需求进行准确判断，按照个性化服务需求制订个性化的服务方案，使读者群体服务彰显出个性化发展特征，保障图书馆所开展的服务得到读者群体的高度认可。

8. 资源集群化发展迅速

新业态下，公共图书馆的资源载体价值不断提升，改变了传统学科融合和资源结构，更多普通人可以通过加入数字公共图书馆平台获取相关的信息，实现移动化、多渠道的信息互通方式。公共图书馆的资源集群效应越来越强劲，依托于日益完善的互联网环境，事物和数据得到有效的链接，使得资源集群更具价值。创新业态的不断增多，公共图书馆资源价值本身的不断多元化，对社会信息数据量提升发展的辐射和带动作用不断增强。

9. 公共图书馆的需求带动效应提高

新业态下，公共图书馆的发展带来了一定的社会效益和经济效益。在经济效益方面，大数据发展使得公共图书馆能得到更多社会群体资源的加入和助推，近年来智能终端的出现使得大数据在该领域应用的规模不断扩大，尤其是带动了我国数字公共图书馆的快速发展。多元化"智能终端"的出现，使得数字化公共图书馆边界的模糊消解，改变了传统公共图书馆业态方式，拉动了包括智能感知图书馆、移动数字公共图书馆等的发展，公共图书馆的需求带动效应水平也得到显著的提升。在社会效益方面，信息技术让很多人看到了公共图书馆的发展方向，也产生了公共图书馆新业态创新的热情和希望，新技术与新公共图书馆业态的融合，公共图书馆服务中的信息双方之间通过全方位感知的方式进行交流。公共图书馆新业态也促进了成本的降低，促进公共图书馆资源的聚集与协同创新能力提供技术基础。公共图书馆在发展过程中不断创新发展环境，分布式计算技术、自助图书馆、复合型图书馆等创新模式层出不穷，实现人、信息、资源的互动互联，同时新的智能元素也在源源不断地加入万物互联框架中，进而实现公共图书馆新业态的资源聚集作用，更好地发挥整体创新能力，进一步降低成本，对整个公共图书馆新业态发展起到促进与发展的作用。

（二）公共图书馆发展的趋势分析

1. 趋于人性化、大众化的服务

人性化、大众化的服务是公共图书馆未来发展的必然趋势，随着时代的发展公共图书馆面向对象的文化层次、文化需求、个性特点也会随之发生改变，年轻一代的读者获取图书相关信息的渠道不再是传统广告宣传、口碑宣传渠道，读者可能会因为看了一部电影、玩了一款游戏就会产生读书兴趣，因此公共图书馆可以通过网络线上平台或手机 App 的开发，针对不同用户的年龄层次、文化水平、性格爱好等来进行相关的图书资源推荐，并且还能通过在网络平台中开放图书预约、图书签售会等信息查询服务窗口，以充分满足图书馆用户的多元化需求。

此外，公共图书馆也应对自身服务项目进行优化升级使服务内容能够涵盖所有年龄层的用户，智能模糊查询、大数据精准化投放等功能应用来降低读者用户图书查询和选择难度。

2. 建设更具社区文化属性的图书馆

新一轮文化体制改革中对公共图书馆的建设发展提出了明确的要求，公共图书馆需要为社区不同层面人群提供图书借阅、信息查询、信息记录保存等服务。因此，未来的公共图书馆将更具社区文化属性，并能结合人文关怀能够为年轻人提供学习提升、为成年人提供进修学习、为老年人提供消遣娱乐，接纳和服务不同年龄、职业、信仰的人群使公共图书馆具备综合性服务功能。

此外，公共图书馆也应与同一区域下博物馆、艺术馆、文化广场等场所形成关联性，形成极具社区文化特色的服务设施和文化项目，这不仅能够改善提高人们的生活质量，还能通过文化宣传，向外吸引更多的人群共同参与到文化事业之中使社会公民的文化素质水平得到进一步提升。

3. 逐步建立完善的图书馆管理制度

为了更好地顺应社会未来发展公共图书馆还应对内部管理结构体系进行优化完善，引入全新的服务理念和科学化的管理模式，在图书馆管理工作的改善提升下才能推动公共图书馆事业向前发展。

一方面，在图书馆工作人员的管理上应采取扁平化的管理工作模式，积极收取工作人员的想法意见，使工作人员也能参与到图书馆的建设发展中，在图书馆工作人员的想法得到反馈响应后，工作人员在后续工作中将更具积极性。

另一方面，在图书馆管理工作中应合理利用信息化管理设备来提高自身工作效率，以更好应对不同读者用户在图书馆中遇到的问题。随着公共图书馆管理制度的完善化，公共图书馆的服务质量、整体运营水平将会大大提升。

四、公共图书馆发展面临的新形势

（一）知识创新对公共图书馆发展的要求

公共图书馆作为搜集、整理、存储、传播信息和知识的基地，在图书馆工作中，最重要的环节之一就是知识创新。为了实现公共图书馆可持续发展，让公共图书馆的发展紧跟时代步伐，就必须大力推动知识创新。公共图书馆知识创新程度和水平也是评价公共图书馆知识管理水平的重要指标和依据。世界各地的图书馆联盟将知识管理目标定位在全社会知识资源的共享与合作上。

1. 公共图书馆知识创新的内涵

公共图书馆知识创新体系包含的内容应是内外部相结合的，不仅包括公共图书馆知识创新原理、新知识，新的发明创造，也包括对已有的图书知识进行组织管理，挖掘已有知识中未被充分了解、认识的内容。公共图书馆知识组织本身是知识创新的前提和基础条件。原始的图书信息知识本身无法产生价值，分散、无序的信息知识也不能构成有效的知识资源。只有将信息知识有序化融合、组织，把具有必然内在联系的知识、信息相连接，形成一个有关联的知识系统，通过系统运作，产生相关效益。要以资源性知识为基础，用户知识需求为依据，将知识进行重组、转化、再造，形成用户所需要的知识。这一过程，就是公共图书馆进行知识创新的过程。

在特定目标的指引下，公共图书馆将进行知识重组，既要发现知识之间的内部联系，又要精确地预测知识发展的方向，构建动态化知识体系。知识转化指的是隐性知识和显性知识之间的相互转化。知识再造是以知识转化为基础，公共图书馆管理人员通过智力劳动，在知识资源、知识水平、知识联系以及对未来知识预测的基础形成新知识的过程。这些知识活动，需要智力的参与，即知识挖掘活动。知识挖掘是将分散在各种图书文献中的相关知识、概念、观点、数据、理论、方法提取出来，按照不同的学科体系，分门别类地加以分析、鉴别、综合、归纳并重新组合，编制成以知识单元为基础的专题综述、专题文摘、文献研究报告等二次文献以及手册、文献指南、便览等三次文献（包括网络形态）。知识挖掘根据图书馆实际需要，设置知识库或数据库，进行信息知识的再加工，生产出知识产品。它虽然不属于发现与发明，却可能产生新知识、萌发新见解，是间接的知识创新。

知识只有在不断交流中，才能更好地实现知识的学习、利用、创新和升值。公共图书馆知识创新活动可以分为三类：一是馆员直接参与相关的图书馆科研活动，创造出新的图书馆理论、技术和方法。二是图书馆作为文献咨询与交流的中心，帮助有相应需求的读者获得所需要的科技文化知识，提供最前沿的科技信息，并能预测科技发展趋势，成为知识创新成果形成、转化和实现产业化的桥梁。三是以前人研究成果为基础，对图书馆知识进行重组、分析、挖掘，让图书馆成为知识创新的前沿阵地。

综上所述，图书馆不仅是知识信息的文献咨询中心，读者创新的重要资源库，还是各种新产品、新技术的展示中心。通过鼓励馆员多参加各种学术组织和学术会议，给予馆员与更多业界人士交流的机会，加快公共图书馆知识流动，加大显性和隐性知识的相互碰撞、交融机会。此外，努力将分散、静态的知识挖掘出来，转移给需要它们的读者用户，刺激新想法、新思路的产生。同时，公共图书馆通过有力知识创新成果宣传，使成果被市场所认可和接受，最终转化为生产力，并反过来进一步促进知识创新，形成知识创新的良性循环。

2. 公共图书馆知识创新的内容

公共图书馆知识创新是图书馆相关机构和组织所构成的知识系统网络，促进知识的传播应用。它包括三个方面：知识理论创新、技术创新和知识组织创新。知识理论创新是指公共图书馆管理人员时时关注科技的最新动态的前沿理论，利用计算机等科技手段，结合图书馆现有理论，吸收和借鉴其他社会科学理论、方法，不断发展和创新图书馆学知识，充实、更新、提升理论建设；技术创新是指相关技术在图书馆知识创新中的应用。开展创新活动，具体体现为对图书馆自动化、网络化、数字化发展方面的创新，还体现在图书馆工作技术的创新：知识组织创新是建立一套有效知识管理体系，能优化图书馆的各知识职能部门与知识工作流程，加强知识管理项目。这些创新项目可以是参考咨询、知识导航、个性化服务、网上阅读、远程教育等各类创新活动。

3. 公共图书馆知识创新的优势

公共图书馆知识创新不仅内涵丰富，并且其具有特点和优势，这些优势主要体现在以下几个方面：

第一，共享与转移。公共图书馆知识创新的一个重要目标是促进内部馆员之间的知识交流、转移和共享。它要求所有馆员主动共享他们拥有的各类知识，提升图书馆知识创新能力。公共图书馆针对知识信息的收集、储存、整理、分析和传递等过程，既是知识创新过程，也伴随着知识转移和共享活动，它不是机械性的管理活动或过程，而是把握知识之间、知识与用户之间的关联关系，创造出新知识，以满足人类社会发展和用户对图书信息知识的需要。

第二，人力资源为核心。随着信息时代和信息技术的发展，未来的公共图书馆发展模式将在更大程度上依赖于图书馆对知识与信息的把握和创新。人力资源的应用对促进知识创新至关重要。公共图书馆知识管理和知识创新要求公共图书馆馆员既是知识中介、信息提供者，又是知识创造者和应用者。公共图书馆必须对馆员的专业技术培训引起重视，要对馆员进行终身教育，要不断提高馆员的知识文化水平，加强馆员收集、获取、创新知识的能力。在充分尊重馆员个人价值实现的基础上，激励馆员将其隐性知识和智慧应用于图书馆知识服务之中，实现图书馆集体价值最大化目标。

公共图书馆知识创新文化会影响和制约馆员的创新意识、创新精神的培养。良好的知识创新文化能使馆员与馆员之间直言不讳、充分交流、发表自己的知识见解，鼓励馆员对各种知识管理存在的问题提出质疑，这有利于打破图书馆中一些束缚馆员创造性思维的条条框框，能够主动寻求更好的解决方法。馆员可以提出冒险性的创新思维，表达自己的见解。良好的知识创新文化能加强馆员与领导之间的信任，形成互相尊重、信任、理解的良好氛围。馆员在日常相处中要互相信任、坦诚以待，这有助于在潜移默化中形成和谐友好的工作氛围。由此可见，在人力资源管理方面，公共图书馆知识创新起到重要作用。

（二）"互联网+"推动公共图书馆发展

现阶段，计算机和网络的不断发展为人们的生活带来了极大的便利，同时也促进了各行各业的发展。互联网形式入驻图书馆的主要目的是为提高阅读者的阅读便捷性，并且方便图书管理者对工作的完成。我国的互联网发展是大势所趋，在一定程度上弥补了传统图书馆管理制度的不足，但是在迎来发展机会的同时，不可避免地也将要面对更多的挑战。了解当前互联网时代下的公共图书馆发展，在积极发现和解决问题的实践过程中总结宝贵经验，是现在应当要做的。

互联网的发明大大提高了民众在生活和工作中的办事效率，在图书管理行业，互联网的出现带动了其发展。由于信息时代的普及，在借助高科技技术的前提下，虽然有效提高了图书资料的管理效率，但是对管理者也有着一定的挑战。利用互联网技术来提高自身的创新发展，配合新模式新结构的管理理念，实现传统图书资料管理对于现代化图书资料管理的转化，力求将有限资源的利用最大化，同时利用"互联网+"理念，为民众打造更加专业化的服务，以此来推动现代化图书馆的可持续发展。

1. "互联网+"概念的内涵阐释

"互联网+"概念最早是在互联网的博览会上提出，是互联网理念与传统理念的深度融合，作为新型经济形态的代表，在大数据时代，"互联网+"是工业时代转化为信息时代中催生的新型产物，将各传统行业与互联网相加，利用信息技术进行融合，从而为行业提供新的创新发展机会，全面提升资源利用度。"互联网+"分为两个内容：一是将二者分开，在互联网后面添加或者联合任意事物，这也正体现了互联网和传统行业的融合；二是将"互联网+"看作一个整体，是传统文化转变形式的完成，体现了互联网公平开放的内涵。

自互联网博览会提出"互联网+"以来，其概念的含义一直被不断解读和界定，以互联网为核心内容所展开的一系列信息化发展与有关工商业、金融业等行业的结合，充分体现了"互联网+"的特征。

2. "互联网+"给公共图书馆带来的挑战

第一，馆员综合素质面临挑战。数字化平台的使用与维护对图书管理人员的综合素质要求较高，公共图书馆工作人员要不断学习计算机技术，提高自己使用电脑的熟练度，更好地在数字化平台上为广大读者服务。公共图书馆的工作人员要定期参加培训，在突发事件发生时，做到不慌不忙，迅速找出起因并解决。

第二，数字化平台宣传工作竞争激烈。对图书馆的数字化建设并不是一劳永逸，在人们日常生活中充斥着大量网络信息，这些信息随时都会吸引人的眼球，如果不重视宣传，数字化平台很可能在同行竞争中淘汰。公共图书馆管理者要加大宣传，采用线上和线下结合的方式，将图书馆的优势体现出来，积极让会员注册，会员使用后及时跟踪，并对系统进行优化。图书馆要留住老客户，发展新客户，不断更新书库，持续进行宣传，才能实现公共图书馆的可持续发展。

第三，纸质信息服务不能满足大众的需求。在互联网高速发展的背景下，人们在网络上获取信息更加方便，且获取信息的速度更快，内容也更加全面，这无疑对以纸质信息服务为主的公共图书馆造成了巨大的冲击。暂且不谈纸质阅读与电子阅读的优劣之分，在互联网时代下，当人们想要查找或获取某些信息时，首先想到的方法是打开移动设备通过互联网的搜索引擎进行搜索，而不是到图书馆去查阅相关资料，这无关纸质阅读方式与电子阅读方式的优劣，而是人们更加偏向于信息获取速度更快、信息内容更加全面、信息获取更加简单的方式。因此，过去当人们遇到问题到公共图书馆进行资料查阅的方式已经彻底被转变，人们到公共图书馆进行阅读、信息查找的次数更少，这就对公共图书馆的信息服务造成了很大的冲击，因此公共图书馆需要转变信息服务模式，如建立数字图书馆等方式，通过提高公共图书馆的现代化、信息化服务水平，提高信息服务能力，是公共图书馆应对新形势所带来挑战的有效应对策略。

第四，信息服务节奏不能满足群众的需求。在信息化高度发达的今天，人们的生活越来越快节奏化，群众更加偏向于省时、省力的信息获取方式，虽然通过网络获取的信息和阅读内容相对而言具有碎片化的特点，但是碎片化的阅读方式正是当今时代的阅读特点之一。而公共图书馆的信息服务节奏偏慢，而且公共图书馆更加注重纸质化的阅读信息服务，相比于快捷的网络而言优势较小，对于已经适应快节奏生活的现代人群，公共图书馆的信息服务能力显然是存在很大不足的，虽然部分公共图书馆建立了数字化、信息化信息服务系统，但是其信息化系统的服务能力还存在着很大的空缺，相比于网络中功能、信息较为完备的搜索引擎，公共图书馆的信息化服务质量显得过于落后，由于群众吸引力较小，人们对于到公共图书馆获取信息服务的意愿得不到满足，是当前公共图书馆信息服务所面临的重要挑战之一。

第五，信息服务市场需求不匹配。随着人们的生活水平不断提高，人们更加注重精神消费，因此我国的信息服务消费市场情况也出现了很大的变化，信息服务方式变得更加主动。而公共图书馆的信息服务就显得较为被动，与当前的信息服务市场环境需求极为不匹配。公共图书馆需要对群众的信息需求进行分析，准确找到群众的信息服务缺口，并结合公共图书馆自身的优势，如专业化等特点，转变被动的服务方式，用更加主动的姿态开展信息服务，跟随当前信息服务的主要发展趋势，满足群众的多元化、个性化阅读需求，才能够提高公共图书馆的服务水平。即便在信息高度发达的当今社会，公共图书馆对于社会的作用也是独一无二、无法取代的，因此公共图书馆在开展信息服务时，要注重发挥出自身所具有的优势，将优势与信息服务相结合，做到与时俱进，才能够提高公共图书馆的信息服务质量和水平，改变当前公共图书馆的发展形势，逐步向市场化发展，为读者提供更高效的信息服务。

3. "互联网+"环境下公共图书馆的运行

《中华人民共和国公共图书馆法》第二十七条指出"公共图书馆应当按照国家公布的标准、规范对馆藏文献信息进行整理,建立馆藏文献信息目录,并依法通过其网站或者其他方式向社会公开。"

图书的采选和购买是图书馆馆藏资源建设的重要组成部分,在互联网时代背景下,图书采购模式也要适应时代的改变。随着技术的普及、大数据技术的运用、数字阅读平台的建设,使得图书馆采编工作人员从传统的书目编辑,走向了需要与大数据网络技术交互协作的道路。因此,图书馆采编业务工作要与时代结合,尽快要跟上大数据网络技术发展步伐。

在图书馆资源建设方面,图书馆要引入现代电子化设备,使采编工作实现电子化运行,利用互联网技术,建立大数据平台,建立新的管理模式,按照一定的规范系统化管理采编图书工作。大数据环境下,图书馆采编操作流程更为复杂,采编人员除了要掌握专业的采编知识,还要与时俱进,通过培训与学习,掌握现代信息技术,提升信息技术处理和信息评价能力,做好图书馆采编信息化建设工作。

(1)基于互联网的互动模式,建立线上图书馆。

为搭建与读者的互动平台,昆明市公共图书馆构建了基于互联网的"图书馆——读者"的互动模式。《"悦"读让学习更快乐》未成年人公益讲座、"4.23世界读书日"系列活动,图书馆与读者的精彩互动都在线上进行。昆明市图书馆电子书借阅机内置3000册精心制作的epub格式电子图书,内容涵盖经典名著、历史军事、政治经济等十一个热门分类,并每月更新不少于150种,供市民免费下载数字图书资源,及时为市民的移动阅读需求提供便利。同时还推出了很有特色的"书香昆明,你选书我买单"的活动。此外,图书馆利用微信公众平台进行阅读推广,是我国实施全民阅读活动的重要传播渠道。用户登录微信除了可以用计算机设备,还可以用移动电子设备。现如今,移动工具越来越智能化,为用户的生活和工作提供了许多便利。微信公众平台就借助了这种便利的渠道,使用户可以随时随地地使用移动设备来查看公众号是否更新内容,达到阅读推广的目的,也可以在公众号上查阅自己所借的图书有没有逾期等等。

(2)建立"互联网+公共图书馆"的思维。

如今,互联网与各行各业深入融合,公共图书馆也应该顺应这股潮流,通过"互联网+"这一手段提高图书馆的服务质量,使新时代下读者的个性需求得以满足。

第一,建立用户思维。公共图书馆应基于以人为本的原则,从单一的服务理念中摆脱出来,注重服务形式、内容上考虑不同用户的差异化需求,从而为用户提供深入、个性、细致服务。例如，宁波市图书馆为了解决用户能随时随地阅读这一要求，在2015年便建立电视图书馆、手机图书馆，推动"移动端智慧阅读"发展，这种做法不断延展了图书馆的服务范围，也使阅读不再受图书馆时空局限。

第二，建立大数据思维。目前，大数据在各行各业使用甚嚣尘上，公共图书馆也可以利用数据搜集、整理，分析用户的行为，预测用户的需求，以提高图书馆服务用户的质量。如图书馆可以借助于条形码、二维码等基本标识，了解图书馆用户的基本需求，以为其量身打造适合的教育培训项目。再如目前电视剧改编小说的事例层出不穷，很多IP小说经编剧改动后在电视上放映吸引了大众的注意，这导致一部分人在看到电视剧后回头阅读相关小说。基于此，公众图书馆便可以通过电视剧收视率，对用户的服务进行精准评估，通过评估分析读者的潜在阅读需求，再购进相关的书籍，服务于读者。

第三，建立跨界思维。公共图书馆应摆脱行业的限制，在互联网信息技术的支持下跨专业、跨学科，创新图书推荐、阅读推广等服务项目。例如，在2014年，内蒙古图书馆基于互联网技术，推出图书馆与书店结合的"彩云服务"，这个服务要求读者持图书馆读者证，通过到馆率、点击率反馈自身书籍阅读量，图书馆再据此为读者到书店部分购书需求买单。可以说，该活动推出后，大批读者闻风而至，内蒙古图书馆也借此提高了自己的知名度。

第四，建立平台思维。在互联网视域下，公共图书馆并不是简单的"借阅"场所，而是读者交流学习、资源共享、互通有无的场所。通过互联网平台，公共图书馆和读者的联系会越发紧密，并达到"双赢"的生态圈。例如，国家图书馆在2015年开放了"MOOC"（慕课）线上与线下结合的平台，并在慕课平台上发布了一系列"国图公开课"，为读者提供了诸多的精品视频课，也为读者与专家学者的交流提供平台，深受读者的好评。

第二节 公共图书馆的职能表现

如今，知识和经济高速发展，知识和信息已经成为十分重要的资源，进行信息和知识管理十分重要，而公共图书馆是社会信息资源管理机制中十分重要的一个环节，在社会发展过程中有着不可替代的作用。公共图书馆属于社会信息资源的管理场所，在信息高速发展的时代，为信息保存和整理做出了巨大贡献。

在社会结构中，公共图书馆是不可或缺的一部分，它将社会中的文化教育和科学组成到一起，为社会储存文献，对继承和发扬知识成果作出贡献。如今，社会面临众多文化和经济任务，公共图书馆的职能可以帮助人们完成这些任务。机构、事物和人在社会中所起到的作用，被称为职能。其中，人能够承担的职位或职责任务的能力，被称为人的职能；在社会中，公共图书馆起到的作用以及拥有的职能，就是公共图书馆的社会职能。

一、引导阅读的职能

读书可以提高个人品德修养、促进社会发展进步，公共图书馆有责任通过形式多样的阅读推广活动来倡导全民阅读。公共图书馆应该想方设法满足公众的公共文化需求，调动公众的阅读热情。公共图书馆可以通过微信、微博、网站等线上方式大力推广数字资源服务，让广大读者足不出户仍能享受到丰富的文化大餐。公共图书馆也可以开展了线上打卡阅读的活动，充分调动读者的阅读兴趣。

二、保存文化的职能

公共图书馆承担着保存人类精神财富的职责，在社会系统中占据着其他文化机构所不能代替的重要地位。公共图书馆具有保存传统文化的功能，对于保护保存历史文献、古书文集和延续人类文明发挥了极大的作用，同时也兼具文化传播的功能。公共图书馆拥有收集、整理、保存文献信息的职能，是城市记忆的存储器，是人民历史的保存者。各公共图书馆都应当收集、整理、保存和开发利用本地区的地方文献，形成地区记忆，更好地为社会服务。

三、社会教育的职能

公共图书馆是民众进行终身自我教育的绝佳场所。公共图书馆应当依据当前社会教育现状及发展，不断调整、完善自身功能，将服务中心逐渐从提供资料转变到为民众提供素质教育及终身教育中来。公共图书馆应从自身的社会教育职能出发，严格把关不良观念的读物，给公众提供一个健康向上的阅读环境。图书馆工作人员有义务帮助公众挑选，指导大众读书，为公众提供符合社会发展需求的精神食粮。

四、智库参考的职能

公共图书馆拥有海量的信息资源和各领域成果显著的专家学者，应当建立智库服务，加强与政府部门的合作，为政府决策提供参考依据。各级公共图书馆应当利用自身的专业信息资源为政府制定相关政策提供信息保障。公共图书馆应当加强与所在政府的合作，通过专业的情报收集手段，为政府制定应急预案提供专业建议。

五、扩大知识范围的职能

公共图书馆的社会教育职能有非常明显的优势，它具有公益性、免费性、大众性等特点。公共图书馆能够提升自身修养，增强知识文化水平，它以全民教育为根本出发点，不限制人民群众的职业、性别、年龄等，实现人人都有书可读。图书馆陈列的书籍种类多、范围广，人们可以有多种选择来满足自身的文化需求。公共图书馆的服务包括文献外借、阅览服务、参考咨询、文献展览、报告会以及为老人和儿童提供专门服务等。公共图书馆可以弥补在学校学习过程中的不足，比学校更具有优势，种类齐全，可选择性高，获取的知识比在学校更为广泛。

六、增强文化道德修养的职能

公共图书馆的社会职能能够增强公民的文化道德修养，公民利用丰富的图书资源和知识信息，可以增加自身文化知识，提高自身文化素养，提高自身价值。公共图书馆的性质是对公众全面普及书籍的，也要重视边远地区的书籍普及，让边远地区也能感受到精神文化的熏陶，提供平等的学习知识的平台，提升他们的知识文化水平，构建和谐、平等、互助的社会。公共图书馆同时也是城市景点，在闲暇时期，可以去图书馆里面阅读书籍，丰富精神世界，图书馆环境清净、学习氛围浓郁，有各种各样的知识讲座和文化鉴赏等服务，向人民群众传播新知识，新思想，积极的文化。

七、提供公共文化服务的职能

公共图书馆的价值和意义就是满足社会大众的基本需求，为人们提供文化服务，人们可以通过公共图书馆获取各种社会信息资源。不管外界环境怎样改变，公共图书馆的最终目标和存在意义就是为公民提供公共文化服务，是绝对的非营利性公益组织。公共文化服务是指由政府主导、社会力量参与，以满足公民基本文化需求为主要目的而提供的公共文化设施、文化产品、文化活动以及其他相关服务。

"公共图书馆具有多种文化服务功能，在公共文化服务中发挥着多方面的作用。"[①] 因此，公共图书馆只有积极参与社会公共文化服务建设，不断改进和创新公共文化服务模式，树立共享共赢的公共文化服务理念，加强公共文化服务体系建设，提升图书馆员思想与业务素质水平，积极争取政府部门的支持与帮助，才能使公共图书馆在公共文化服务中发挥更大的作用，产生更大的社会效益。

（一）提供社会需求驱动

随着近些年我国社会经济的迅速进步与发展，人们不再仅仅追求物质上的满足，对于

---

①许运南. 公共图书馆参与公共文化服务的策略研究［J］. 河南图书馆学刊，2022，42（01）：40~43.

精神文化的需求也在不断增加。经济社会的快速发展，却难以满足人们的精神食粮，正如党的十九大中关于我国基本矛盾的阐述，我国社会主要矛盾已经变为人民日益增长的美好生活需要和不平衡不充分的发展之间的矛盾。在国际上我国的综合国力也在不断提高，但是文化软实力仍然是我国在国际上增强话语权的短板之一。要想提高我国的文化软实力，那么公共教育就应该落实到人们生活中的方方面面，从而让精神文化食粮在人们日常生活中得到充分的补充，公共图书馆便是解决这一问题的好途径。

（二）提供信息技术支持

随着世界信息技术的飞速发展，公共图书馆所面临的机遇也在增加。首先，利用信息技术，能够帮助公共图书馆有效降低传播公共文化的各项成本与费用。通过网络的使用，人们不用亲自去图书馆，就能获得大量的、丰富的、最新的文化信息，并且可以足不出户就能够享受到各种文化服务。而随着信息技术的不断发展，公共图书馆所能为人们提供的服务以及服务的人群都相较于传统的图书馆有着巨大的进步，可以预见到在5G时代当中，人们可以利用VR设备在虚拟空间中阅读书籍，也可以利用人和设备之间的交互，在网络空间中对书籍进行批注，如果有人想要阅读纸质书籍，那么也可以通过数字化服务进行借书和还书，因此在信息时代公共图书馆能够利用现代技术满足读者更多便利的服务。

此外，由于互联网信息沟通的便利性，人们在网上也可以接触到更多公共图书馆的信息资源，因此在受众人群这一块，公共图书馆相较于传统图书馆也有着巨大的提升，人们不需要再亲自到图书馆中进行阅读，可以在家里、在公司随时随地地阅读书籍。此外，对于公共图书馆自身而言，信息化、数字化的服务也更方便图书馆对自身的信息资源进行管理和整合，从而不断推出更好的服务。

（三）提供受众服务

公共图书馆是社会上重要的组织机构，同时它也是文化信息服务中的信息传播媒介。公共图书馆的受众具有多样化的特点，可以通过综合考虑当地社会的实际情况对先进文化信息的受众进行细分。例如，从人口结构的角度出发，受众就可以分为幼儿、青少年、青年人、中年人和老年人等。从民族的角度出发，我们也可以根据民族、信仰等方面来划分观众。因此，公共图书馆作为公共文化的传播者应充分分析受众需求、知识水平、教育背景等因素，选择更为科学的传播模式。此外，通过对受众的细分，公共图书馆能够更加有计划性地加入公共文化的传播当中，为信息资源的有效整合奠定坚实的基础，建立便捷利民的公共文化信息传播平台。

公共图书馆的服务职能在参与公共文化传播时，能够有效地维护社会信息、知识、文化的传播公平，促进我国文化的传播和发展，推动国民整体素质的提高，对构建社会主义和谐社会有着至关重要的积极作用。

第三节 公共图书馆的基本特性

公共图书馆提供的产品和服务属于具有较强公共性的准公共产品。明确公共图书馆提供产品和服务的准公共产品属性，有助于在新业态环境下公共图书馆更好地顺应图书馆收藏社会化和资源共建共享的趋势，注重收藏数量的激增化、收藏门类的扩大化和收藏载体的多样化等特性，实现全国甚至是世界范围内资源共建共享联盟，尽最大努力促使所提供的公共产品和服务向纯公共产品的特性漂移，将产品或服务的消费竞争性和受益排他性最小化，让更多社会公众在公共图书馆获取知识、信息和服务，从而保障公共图书馆综合社会职能的有效发挥。

一、公共图书馆的社会性

在深入探讨和理解社会的复杂性时，我们通常将社会的本质概念化为"社会形态"。这个理念建立在一个核心的假设上，即社会形态是由经济基础和上层建筑两部分共同构成的。换句话说，任何社会的形状和行为都是由其经济结构的特性决定的，而上层建筑则是由社会的经济基础所反映和影响。

在这个大背景下，我们再讨论公共图书馆的社会性。公共图书馆不仅是人类智慧和创造力的产物，它本身也是社会形态的一个具体体现。这是因为公共图书馆是人们共同使用的一种社会机构和组织，它体现了社会公众对知识和信息的需求和追求。公共图书馆作为一个社会组织，不仅提供了各类信息和知识的获取渠道，同时也是公民交流和学习的平台。

公共图书馆还体现了人类的精神价值，这主要表现在其推动公民的自我教育和终身学习，以及鼓励公民参与公共事务的过程中。这些都彰显了公共图书馆在社会形态中的特殊位置和重要价值。因此，公共图书馆的社会性并不仅仅体现在其提供的服务和功能，更体现在它如何反映并影响社会形态，如何通过提供知识和信息，以及创造学习和交流的环境，来推动社会的发展和进步。这就是公共图书馆的社会性所在，也是它作为一个社会机构和组织，为社会和公众服务的重要价值所在。

二、公共图书馆的公共性

(一) 服务存在特殊性

从公共图书馆服务消费上来看,在某一特定时间,对于一本唯一的特定图书来说,某个读者借阅了则其他读者在同一时间就不能再借阅了,这个特征在一定的程度上具有竞用性。但是这个竞用性与私人物品的竞用性具有不同的性质,因为私人物品被个人消费之后就不能再重复使用了,但是公共图书馆服务不一样,它只在特定的时候具有竞用性,只要该读者归还了该图书,就不会影响以后的读者使用该图书。

(二) 投资收益的特殊性

要建立一个公共图书馆,除了公共图书馆的建筑以及各种电子设备等是固定投资,公共图书馆的服务的持续还需要源源不断地追加投资,如不断地增加各类新书和期刊、电子数据库、书架等。并且这些源源不断的投资追加进去之后,要收回成本这是一个很漫长的过程,甚至是趋于无穷远的过程。公共图书馆作为一个公共的藏书机构,而藏书又是一个持续不断的过程,它需要持续不断地收藏新书进入图书馆。收藏新书就需要不断地追加投资,公共图书馆作为一个社会公益机构,不以营利为目的,公共图书馆的目的是满足读者对文献信息的需求,不断地提高他们的文化素质技能等。私人一般是不会投资图书馆的,所以公共图书馆大都是由国家和社会集资兴办的。

三、公共图书馆的公益性

公共图书馆作为最重要的公益性文化服务机构之一,是国家为满足人民群众的精神文化需求,为其提供多样化的文化服务,落实其文化权益的重要纽带,肩负着传承文明、传播知识,提升国民素质,促进社会文明与进步的重任。

随着时代的进步与发展,在我国社会主义文化大发展大繁荣的背景下,社会已进入知识经济和信息经济时代,人们的信息意识和文化需求不断提高,公共图书馆承担的文化服务职能也越来越重要,应该科学认识并充分承担起在新的时代背景下其具备的社会责任。

第四节　公共图书馆服务与功能拓展

一、公共图书馆服务与功能拓展的意义

（一）体现了图书馆的本质属性

公共图书馆作为社会公益文化事业单位，对传递知识、社会教育、丰富群众的文化生活有着重要作用。近年来，政府越来越重视文化事业的发展，不断加大文化事业投入力度，特别是图书馆的建设，数量也逐年增加，规模持续扩大，基础设施日益完善，环境优美舒适的同时还融合了大量现代化的元素，吸引了越来越多的读者。图书馆应当把握机遇，结合自身特点，通过服务与功能的拓展创新，更好地为大众服务。

（二）满足了人民群众不断增长的精神文化需求

随着我国经济的快速发展，人们物质生活水平在不断提高的同时开始注重精神文化生活，社会的发展让人们的生活方式和习惯更加多样化，人们更加重视丰富自身的业余文化生活、发展自己的兴趣爱好，学习、休闲、娱乐成为人们生活的重要组成部分。而图书馆安静的环境，高雅的格调，可以把学习、休闲、娱乐功能融为一体，很好地满足了人们精神、文化和生活的需求。

（三）现代信息技术发展的要求

随着网络技术的发展普及，人们随时随地可以通过移动互联网查询所需信息，极大方便了人们对知识、信息的获取，但随之而来的是商业文化的泛滥，人们日渐浮躁的心理，追求快餐式的阅读方式使得读者数量不断下降，图书馆作为人们获取信息和知识的传统功能已经不能满足人们追求舒适安宁的文化氛围的心理，拓展创新图书馆的服务与功能是图书馆发展的必然趋势。

二、公共图书馆服务与功能拓展的有效途径

（一）提供更加人性化、便利化服务

图书馆作为公共服务设施，在提供宽敞明亮、安静舒适的阅览环境外，还应当优化业

务流程，形成规范有序的运行机制，在提供优质服务的同时还应针对不同的服务对象提供人性化、便利化服务，最大限度地满足读者需求。

随着我国社会人口老龄化的快速发展，老年人的数量不断增加，老年人作为图书馆的潜在读者群体，将来在读者中所占的比例也将不断增加。但老年读者由于文化、生活背景的原因，对于新技术、新服务的掌握还很滞后，更习惯于接受图书馆传统的服务，这就要求图书馆在做好基础借阅服务的同时为老年读者提供更加人性化服务。如在前台提供人工服务，专门为老年读者的咨询进行帮助，还可在阅览室提供老花镜、放大镜、笔和纸张等可供老年读者方便使用的物品，这一方面体现出了对老年读者的尊重、另一方面也从细节上让老年读者感受到社会的关爱。

图书馆舒适的环境成为人们日常休闲活动的一个重要场所，尤其是寒暑假期间，更是吸引了不少少儿读者。作为文化教育事业的重要组成部分，图书馆对少儿的健康成长起着至关重要的作用。对此，图书馆应当在选购书籍时适当向少儿读者倾斜，为他们提供具有丰富知识性、趣味性，有利于身心健康的书籍。同时为少儿读者营造一个适宜阅读的环境，如适当调整书架和桌椅的高度，增加他们喜爱的卡通图案装饰，增加图书馆的吸引力，让少儿爱上阅读，让他们在增长知识、开阔眼界的同时也培养了他们的阅读兴趣，起到教育目的。

(二) 开展新型社会活动

1. 开展读书征文

在每年的 4 月 23 日"世界读书日"前后开展读书征文，提高市民的阅读热情，有助于推动群众性读书活动深入开展，促进学习型社会建设，倡导全社会形成多读书、读好书的文明风尚，营造全民热爱读书、终身学习的良好社会氛围。

2. 开展内容丰富的培训、讲座

社会多元化的发展，让人们对知识、文化的需求也与日俱增，已经不满足于从书本上获取知识的方式，而是倾向于更加直观地培训、讲座。图书馆可以通过与高校或培训机构合作，举办面向大众的培训班、知识讲座等，内容可以是公益性的、也可以是实用性的，有条件的话可以聘请著名专家、学者主讲，扩大图书馆的文化影响，促进学习型社会的建设。

3. 举办特色馆藏展览

图书馆往往收藏着大量珍贵的地方文献，如记载当地人文历史的古籍、特定历史时期的档案资料、当地历史上的名人作品以及手稿等，这些资料对于研究图书馆当地历史上的政治、经济、文化、艺术具有极高的价值,定期举办特色馆藏展览对于丰富一个城市的记忆和文化内涵有着重要作用。

4. 举行节日主题活动

在特定节日利用图书馆的丰富资源,开展特色的主题活动,与读者交流互动。如清明节在馆内向广大市民和读者宣传介绍清明节的来历、习俗,加强对广大未成年人传统文化教育和爱国主义教育;青年节、建党节和国庆节可以通过展播爱国主义影片,激发广大读者的爱国热情,凝聚力量,弘扬民族精神;春节、元宵节、端午、中秋等中国传统节日可以结合节日主题,开展楹联文化展览、猜灯谜、包粽子比赛、中秋夜读会等各类内容丰富、形式多样的文化活动,从而让更多的人走进图书馆,扩大图书馆在社会的影响。

(三) 挖掘图书馆文化旅游功能

图书馆里收藏的地方文献对了解一个地方的历史、地理、文化、风俗具有十分重要的意义,对一些文化旅游的爱好者具有极大的吸引力,因此,也成了当地一种重要的历史文化资源,一些知名的图书馆正是凭借其悠久的历史、藏书的规模或与名人以及重大历史事件的关系,而成为文化旅游的目的地,如天一阁、北京图书馆等。近几年新建的图书馆多是采用现代先进理念及建筑科技而成,外观独特,别具匠心,往往能够成为一个城市里独特的风景和标志性建筑,对旅游者具有一定的吸引力。

第二章　公共图书馆建筑空间及服务创新

第一节　图书馆建筑与图书馆空间概述

图书馆是当今社会极为重要的线下学习场所,其不仅具有阅读、学习、欣赏功能,还具有交流、休闲的作用。图书馆建筑的功能与空间有着密切的关联。

一、相关概念的界定

(一)建筑、建筑物与空间

1. 建筑与建筑物

建筑是规划、设计和建造建筑物或其他构筑物的过程和结果的总称。建筑作品,以建筑物为实体形式,通常被当作文化符号和艺术品建筑是设计和建筑的艺术和技术,有别于与建造有关的技能。建筑实践通常需要满足实用性和表现力的需求,所以建筑应该具有实用和美学特征建筑是设计和建造建筑物的艺术或实践。因此,可以看出,建筑是一个统称,可以指代宏观意义上的整个建筑实体。

而建筑物是指具有墙壁和屋顶的结构物,这一物体或多或少地是永久性地矗立在某一个地方。因此,建筑物可以是微观意义上的某一个建筑。

2. 空间

"空间"对应的英语表述是 Space,《柯林斯英汉双解大词典》对 Space 的释义包括"空白区域""用于特定目的的场所""太空""宽敞的地方"等多种不同的解释。从英文释义上看,空间(Space)通常指的是某种程度上有界线的物体之间的空区域,或者是可供使用的一大片区域或场所。而空间的中文含义,《现代汉语词典》(第6版)将"空间"一词解释为:物质存在的一种客观形式,由长度、宽度、高度表现出来,是物质存在的广延性和伸张性的表现。《辞海》中对"空间"的解释包括"宇宙空间""太空、外层空间""物质存在的一种基本形式,指物质存在的广延性""一定的范围"。可见,单独对

"空间"进行解释,将会产生多种不同的理解。

在哲学上,空间与时间一起构成运动着的物质存在的两种基本形式,时间指物质运动过程的持续性和顺序性,空间指物质存在的广延性,可以由长度、宽度、高度、大小表现出来。空间这一概念所涵盖的范围比较广,宇宙空间、网络空间、思想空间、数字空间、物理空间等,都属空间的范畴。空间同时也具有虚、实两个方面的意义,被形态所包围、限定的空间为实空间,其他部分称为虚空间,虚空间是依赖于实空间而存在的。

"空间"一词最初是对几何学概念中空的区域的一种描述,后被引入哲学层面对精神或心智进行表征。近现代科学中,关于"空间"的研究一直集中于自然科学领域,是对事物的物理性定义,即任何物体都有它自己的存在,其存在必须依附于一定的空间。因此在这种理论下,空间是作为事物存在的重要条件。随着社会生产方式的不断进步改变了人们的社会活动,这些社会活动又进一步改变了人们赖以依存的社会空间,在这种条件下,"空间"从自然科学领域进入了社会科学领域,被广泛地应用于社会学、地理学、思想文化研究等领域,人们对"空间"的认识也由物理性跨越到社会性。

西方建筑学家认为,建筑首先并且主要与空间有关①。建筑学的现代主义认为空间是建筑的主角。因此,建筑的空间是建筑物的主要部分,它是建筑实现功能需求的物质载体。

而对于实体建筑物来说,其所包含的空间可以称之为"建筑空间"。在各种类别的空间中,建筑空间是人们为了满足生产或生活的需要,运用各种建筑主要要素与形式所构成的内部空间与外部空间的统称。它包括墙、地面、屋顶、门窗等围成建筑的内部空间,以及建筑物与周围环境中的树木、山峦、水面、街道、广场等形成建筑的外部空间。

从设计角度出发,建筑设计更多指的是某一建筑物整体架构的构造、建设等,一般在完工后无法重塑和改变,而空间设计则是关注建筑物内部空间区域内的各项设计,如家具摆设、灯光、供暖等,这些在一定程度上都可以进行重塑和改造。

(二) 图书馆建筑、建筑物与空间

根据建筑、建筑物与空间的基本概念,其运用于图书馆也是一脉相承的。

1. 图书馆建筑

图书馆建筑是个统称,它可以用来指代图书馆物理实体整体。

图书馆建筑重点关注的是图书馆这一建筑物的构造、外形、结构、美学、艺术设计等。

---

① [美] 赫恩. 塑成建筑的思想 [M]. 张宇译. 北京:中国建筑工业出版社,2006:17.

2. 图书馆建筑物

图书馆建筑物（Library Building）一般就是指代图书馆实体建筑，这一实体一般情况下永久矗立在某一个地点。在国外文献中常使用其复数形式 Buildings。但是并不是所有的图书馆都是一个独立的建筑物（Building）。图书馆可以与公寓楼、杂货店、老年中心、购物中心、艺术中心和博物馆等共同占用一块地盘，形成一个整体的建筑物。

3. 图书馆空间

空间、馆藏、读者是传统图书馆的三大要素，空间是图书馆所拥有的最有价值的资产之一，图书馆物理空间主要用于收集馆藏、存档及保存各类型信息资料外，为读者学习、研究以及获取知识提供场所。与此同时，随着信息技术的发展，图书馆空间的概念也逐渐增加了更多的元素。图书馆是协作学术工作、教学、学习和团队创造的物理空间；是大学和团队知识共享和连接的物理空间；是团队知识共享和21世纪素养提升的虚拟站点；是团队作品分享和展示的空间。

图书馆界对"空间"的研究由来已久。从书的空间到人的空间，空间问题一直在图书馆学学科范畴中受到重视。1961年，布兰登（Brandon）在一篇文章中探析了图书馆的"空间管理和展示"问题，这是较早专门研究图书馆空间的论文。1982年，姜建军和郝书清在国内较早研究图书馆空间的论文中使用了"空间危机"一词[①]。图书馆自身就是一个立体的文化信息空间，"空间设计""空间布局""空间利用"等研究络绎不绝。随着信息社会的发展，大众也普遍接受了空间概念上"实体空间"和"虚拟空间"的二分法。

综合各种定义，本书中"图书馆空间"使用的是图书馆中的物理空间或实体空间的定义。

（三）图书馆建筑、建筑物与空间三者的关系

图书馆建筑的建造和设计主要是建筑学学科研究的内容，一般由专业的建筑学专家和室内装修团队来完成。图书馆馆员在图书馆建筑建造前期需求阶段起到了关键的作用，但是馆员一般来说无法对图书馆建筑物的建筑外形、室内构造等方面进行设计和改造。因此，本书的研究重点是图书馆馆员可以主要负责设计和改造的图书馆空间，包括室内和室外空间等，即图书馆空间。

图书馆空间是图书馆建筑实体的根本精华和本质所在，是理解现代图书馆建筑和图书馆事业发展的重要切入点。

总体来说，为了更好地进行概念区分，本书将图书馆建筑和图书馆建筑物统称为"图

[①] 姜建军，郝书清. 美国图书保护情况概述［J］. 黑龙江图书馆，1982（04）：39~43.

书馆建筑",用于指代图书馆物理实体建筑,而图书馆空间则指代图书馆建筑内部的空间,这种内部空间不局限于图书馆建筑封闭的空间,也包含图书馆建筑中的庭院、外部走廊等区域,是一个宏观的空间概念。

二、图书馆建筑的主要功能特征

整体来说,不同规模的图书馆建筑,特别是大型图书馆建筑都应该具有以下一些功能特征:

第一,保护书籍和馆藏不受自然因素、不良环境和错误处置的影响。

第二,以多种储存方式储存图书和其他材料以便查阅。

第三,储存馆藏目录和相关文献目录工具以及电子版本目录,以便读者可以找到本地馆藏的相关材料和其他机构的补充材料和信息。

第四,为学生、职工和访问学者的学习、科研和写作活动提供空间。

第五,为采访、获取、组织、看管、服务馆藏资源的馆员以及为读者咨询服务的馆员提供空间。

第六,承载复印、参考教学、试听材料准备、计算机支持设备等辅助功能。

第七,为图书馆管理和商务办公提供空间。

第八,通过展览、演讲、出版物等手段来宣传资源和服务提供空间。

第九,纪念一位(或者几位)名人,为追求学术成就的机构学术生活提供象征性场所。

第十,为出版物、手稿、档案和其他图书馆实体资料建立一个整合的工作坊以保存人类智慧。

三、图书馆空间特征及类型

(一)图书馆空间特征

图书馆空间的本质会影响到读者的体验,保持空间物理环境的基本属性对于满足读者的需求至关重要。对图书馆空间基本特征的归纳,比较常见且有一定共识的是福克纳·布朗(Faulkner Brown)的"十诫"和安德鲁·麦克府纳(Andrew McDonald)的现代图书馆十大特征。

1. *福克纳·布朗的"十诫"*

尽管内部布置和读者服务根据不同图书馆建筑规模有所不同,但是所有规模的建筑都有一些共同的要素,可以被具体化成一些特征。福克纳·布朗早在20世纪六七十年代就对图书馆建筑的特征进行了阐述。福克纳·布朗是一位著名的英国建筑师,他负责设计了世界上很多图书馆建筑,他将图书馆建筑在规划时应该考虑到的要素总结为图书馆建筑的特征,称之为"十诫"(Ten Commandments)[①]。尽管福克纳当时提出的这些特征用的是"图书馆建筑物"一词,但是他总结出的这些特征同样适用于图书馆空间。福克纳认为图书馆应该是灵活的、紧凑的、可获取的、可扩展的、多样的、有组织的、舒适的、环境稳定的、安全的、经济的。虽然这是福克纳在20世纪70年代就提出的想法,有些词的意义与现代已经有所不同,也不完全适用于现代图书馆,但是其基本内涵是一脉相承的。

(1) 灵活性(Flexible)。灵活性即布局、结构和服务易适应性。

灵活的图书馆建筑意味着规划陈列布局具有灵活性,一般可以在结构、供暖、通风、照明等方面具有可适应性。通过整齐间距排列立柱,或者通过大跨度的梁来减少立柱,又或者通过设计合适的书架承载量楼层,可以轻松地将部门、咨询台、书架、读者区域或其他图书馆功能区移动到建筑物的其他任何地方。如果楼层是水平的、没有楼梯,供暖、通风和照明均是统一的,在维持足够空间的情况下可以不需要做任何改变就可以重新布置空间,这种设计下的图书馆就更加具备灵活性。

(2) 紧凑性(Compact)。紧凑性即读者、馆员和书籍移动的便捷性。

紧凑的建筑对图书馆馆员来说有很大的帮助。理论上说,如果一个建筑是个立方体,读者在进入的时候是在其中心位置,那么读者移动到建筑物内任何地方的距离都会是最小值。与直线型建筑或者是从一个较深的平面扩展开来相比,书籍、馆员和读者在立方体建筑内移动的距离要更短一些。与此同时,缩短移动距离也有利于节能和环保。

(3) 可获取性(Accessible)。可获取性即从外部进入图书馆建筑、从建筑物入口到其他所有区域,使用简洁易懂的方案需要最小化的补充指引。

可获取性可以分为两个角度:①读者方便访问图书馆。②读者能够方便获取到书籍。首先,在建筑物外面对图书馆入口的指引需要简单易懂且引人注目。在读者进入图书馆内部后,一些主要的位置,如问询台、主前台、参考书、目录和楼梯等的位置如何到达需要配备明确的指引路线,但是也不需要设置过多的标识和方位指示。

(4) 可扩展性(Extendible)。可扩展性即在最小破坏程度的情况下允许未来的修缮。

图书馆建筑应该是可以扩展的,并不是有限的。图书馆应该可以进行扩充,且应该为未来的扩展保留一定的场地。建筑建造时应该有助于之后的扩展,但是在每个发展阶段,建筑应该看起来是个完整的实体建筑。图书馆建造时使用的外部材料和建设方式会对整个扩展工程产生影响。图书馆建筑的外墙可以由一系列简单的重复元组成,当需要扩建时,

---

[①] 陈丹. 现代图书馆空间设计理论与实践[M]. 上海:上海社会科学院出版社, 2020:21~25.

这些单元可以拆除并且在新的扩建建筑上使用。如果图书馆不需要扩展，那么这些单元当前的状态则是完整的。如果图书馆空间的使用需求发生变化，建筑可以根据需要简单地进行改变。"十诫"中的其他特征有些可以改变，有些可以淡化，但是这一个特征是必须的。

（5）多样性（Varied）。多样性是指给图书储存和读者服务提供更大的内由度。

图书馆容纳书籍和读者的多样性可以增加室内设计的趣味性，同时也可以为满足读者不同的需求提供不同的选择性。这种多样性可以体现在大小、功能和位置多个不同方面。

（6）有组织性（Organised）。有组织性是指在图书和读者之间建立适当的规则。

图书馆是对记录人类思想和想法的主要途径，是人类创造性想象力的表现形式，同时它对所有人类也是免费提供的。因此，图书馆建筑的一个主要特征就是图书馆中的资料是有效组织起来的，同时也可以轻易被获取。不管是在小型还是大型图书馆中，资料都应该以简单易懂和引人注目的方式来进行布局。

（7）舒适性（Comfortable）。舒适性是指以更好的方式促进有效利用。

新鲜的空气、恒温和恒湿的环境不仅可以促进使用效率，也可以鼓励更多的图书馆空间利用。在某些季节中，如果在图书馆中一打开窗户，外部环境中的热气、冷气、灰尘和噪声很容易进来，就会给读者带来强烈的不舒适感。为了使图书馆空间更加舒适，从自然中获取免费的供应源且读者可以根据自己的需求进行控制是十分经济实惠的，如利用自然光、自然风等。一般来说，大型图书馆比较适合这种方式。同时针对所有类型的图书馆，照明、通风、温度、湿度等设置在合适的范围内同时又可以由读者控制是最理想的设计方案。

（8）环境稳定性（Constant in Environment）。环境稳定性即为图书馆资料的保存提供一个长期不变的保存环境。

图书馆环境的恒定与稳定性是十分重要的，这与"舒适性"有一定程度上的关联性。图书馆环境需要在照明、供暖、供冷、通风和声学方面始终维持在恒定水平。图书馆外墙需要是一个环境过滤器或调节器，可以在冬季减少热量损失，在夏天可以吸收过多的太阳辐射，它不仅可以阻挡外部干扰的噪声，也可以为读者欣赏窗外景色提供窗口。

（9）安全性（Secure）。安全性即保障用户行为和图书丢失的安全。

为图书馆中的馆藏提供安全保障一直是图书馆十分重要的任务。图书馆可以通过多个手段来维护馆藏的安全，如将出入口减少到一个或几个、使用电子图书监测系统以及空间的开放性都可以减少书籍的丢失率和破坏率，同时在一定程度上监督读者的行为。

（10）经济性（Economic）。经济性是指使用最少的资源在经费和馆员之间建立经济性和可持续性。

图书馆建筑逐渐开始面临能源危机。建造和运行一个图书馆需要花费大量的经费，图书馆馆员已经开始需要着重考虑图书馆的运营花销状况。在大型图书馆中，紧凑的布局规划需要长时间的照明和空调来维持一个恒定的舒适环境。但是仍然需要寻找更合适的方法，在不损害读者服务的情况下将图书馆的运营成本降到最低。一种方法是在设计建筑时，尽可能减少建筑物的外部面（如墙和屋顶），使墙面面积与地面面积比例降低；另一种方法是建议窗户总面积不超过总墙面积的25%。除此之外，照明、空调等如何节能，如何与外部天气有效结合来减少能源消耗，也是需要探索的问题。

2. 安德鲁·麦克唐纳的现代图书馆空间十大特征

安德鲁·麦克唐纳在福克纳提出的"十诫"基础上，针对现代图书馆空间总结出了十大特征和一个补充性特征。麦克唐纳更倾向于使用"Quality"来指代特征，而不是福克纳使用的"Commandment"。他认为确定好图书馆空间的特征有助于在整个规划过程中确定需要解决的问题范围，并激发设计新空间的创造力。这些特征的总结并不是一套操作指南，而是让设计者在进行空间设计时更加谨慎和仔细。十大特征相对于上文提到的"十诫"来说，更适用于信息技术时代下的现代图书馆空间。[1]

（1）功能性（Functional）。功能性是指这一空间有使人可以高效工作、看上去美观以及具备经久耐用的特性。

我们的目标是设计出功能齐全、使用方便、经济型运行的图书馆。新空间需要使图书馆发挥其作用，并提供高质量的服务。功能性特征需要优先于任何单纯的美观性特征，但是并不是说图书馆不需要看上去美观。图书馆空间设计应该充分考虑读者、图书和信息技术的重要性，同时将这些元素之间的复杂和动态关系考虑在内。对于大学图书馆来说，图书馆空间设计需要在教学、学习和科研团队的需求之间寻找平衡。而对于公共图书馆来说则需要在休闲性和求知性之间寻找平衡。新的空间也必须不断适应面向的读者团体变化的需求并提供响应。

（2）可适应性（Adaptable）。可适应性即使用时可以很容易改变的灵活性空间。

想要设计出面向未来的图书馆空间是很困难的，但是需要考虑到一个关键性问题，那就是在做图书馆空间规划时应该考虑到多远之后的未来？对于未来空间大小和特性的预测应该取决于在这个急速发展的信息时代图书馆的服务如何转变。

在进行图书馆空间规划时，信息技术、组织结构和用户行为等方面都具备未来的不确定性。因此，这就意味着图书馆建筑需要具备高度的灵活性，当图书馆空间需要重塑时，只需要对家具、书架和设备等进行重新安置，就可以以最小的破坏程度来对图书馆空间进行改变。但是，在实际的图书馆空间规划中，这种长期的灵活性功能的实现比起短期的功

---

[1] 陈丹. 现代图书馆空间设计理论与实践 [M]. 上海：上海社会科学院出版社，2020：25~31.

能实现可能要花费更多的经费，因此就需要图书馆规划者更加务实，并且在花费和可适应性需求方面寻找平衡。比如在传统的图书馆建筑规划时，通常以楼层能支撑足够的书架负荷来进行设计，但是随着现代信息技术的发展，一些图书馆选择了移除部分书架来支持读者的信息技术使用需求，甚至一些以信息技术资源为主的学习资源中心已经开始按照办公室的楼层负荷标准而不是传统的书架负荷来进行建造了，以此来减少花费。但是，在节省经费的基础上，对于图书馆建筑的规划需要从各个角度进行评估，以免失去灵活性。

（3）易访问性（Accessible）。易访问性即引人注目的、容易使用、促进独立的社交空间。

对于大学来说，图书馆是大学的学术中心，在学校的学习、教学和科研过程中发挥了至关重要的作用。因此，图书馆需要尽可能地让读者可以轻易访问，同时鼓励和欢迎读者利用图书馆提供的服务。图书馆也需要迎合越来越多的高要求读者，通过传统和电子两种模式的资源来满足他们多样化的学习和科研风格需求。

易访问性还体现在图书馆空间中，图书馆空间布局需要清晰、简单，使读者可以轻松找到独立发现和研究的场所，减少读者对图书馆整体结构的了解，将重点放在空间指示的简单和明确方面。目前图书馆空间内的"指路"系统已经多种多样，如电子指示牌、等离子屏幕甚至是听觉提示等运用都使得读者可以更容易且方便地寻找到他们需要的空间。传统的图书馆人口逐渐被访问控制和自助服务系统所替代。对于那些一周7天24小时开放的图书馆来说，实现易访问性也需要考虑到建筑、馆藏、家具、设备的安全性和坚固性以及读者和员工的安全性。

（4）多样性（Varied）。多样性是指有学习、研究和休闲等多样的空间选择。

图书馆应该提供多样的学习环境以适应读者不同的学习方式和风格。在图书馆空间中，读者可以按照自己的步调和时间寻找信息，他们可以在图书馆中寻找到安静学习或独立学习的空间，也可以寻找到小组协作和交互的场所。图书馆空间中应该配备多种形式的阅读和学习空间，如单人桌、多种形状的多人桌、休闲座位、自习室、小组学习室等。有些读者倾向于活跃或嘈杂的社交学习环境，而有些读者则更倾向于安静的学习环境，图书馆可以通过隔板、书架、围网、三面隔板阅览桌等形式来为喜好安静的读者提供学习空间。

（5）交互性（Interactive）。交互性是指有增强读者和服务之间联系的组织有序的空间。

图书馆需要在为馆藏、服务、读者和信息技术提供的空间之间寻找到平衡。组织有序的图书馆不仅可以最大限度地利用现有空间，也可以促进人与人之间的交互，鼓励读者使用图书馆的服务。前台、咨询点、小组学习空间、信息技能室都是现代图书馆中互动的主要区域，同时一些交互式和基于经验的新兴活动空间也在图书馆中逐渐出现。

（6）有益性（Conducive）。有益性是指有激励和启发人们的高品质人文空间。

作为社区的中心，图书馆应该传达出一种品质感、价值感和场所感。图书馆的环境应该有利于学习和反思，同时能够对读者进行激励和启发。读者能在图书馆中体会到舒适感和安全感。图书馆环境氛围的提升可以通过新奇的建筑、吸引人的功能和多样的内部空间来实现，也可以通过布置一些绘画、雕塑、彩色玻璃、花园和其他文化艺术品来实现。高品质的家具和装修风格不仅可以提升图书馆的品质感，同时也可以延长使用寿命，减少维护次数和费用。与此同时，噪声、色彩、楼梯等方面的设计对图书馆空间的有益性也有着一定的影响。

（7）环境适宜性（Environmentally Suitable）。环境适宜性是指为读者、书籍和计算机提供合适的环境条件。

图书馆环境的适宜性不仅仅是为了给读者提供舒适的环境，同时也需要为图书馆馆藏和计算机的有效运行提供适宜的环境条件。理想情况下，图书馆中的温度、湿度、灰尘、污染等级都应该可以进行控制。现代新建图书馆中常见的自然或被动通风给图书馆空间设计提供了一个可持续且友好的解决方案。任何建筑中的能源管理系统都需要符合最低的设计标准，同时建筑物需要与环境友好融合，维持碳平衡。图书馆空间中的自然光和人造光需要为读者和书架提供有效的照明，同时也需要将使用计算机的读者和图书馆员工工作光线环境考虑在内。一些图书馆空间中设计了大量的玻璃幕墙，这虽然可以给读者提供享受室外景色和自然光的机会，但是也会带来噪声、太阳光过强、眩光等问题，这就需要图书馆配置双层或三层玻璃、着色玻璃、太阳光反射膜、百叶窗等设施来减少相关问题。

（8）安全性（Safe and Secure）。安全性即针对人员、馆藏、设备、数据和建筑物的安全保护。

图书馆的建筑物、人员、馆藏、设备、数据都存在着安全风险。图书馆安全性设计需要符合当前的健康和安全法规，需要在工作台的人因学设计、信息技术设备的安全性、非工作时间的管理安全等方面着重注意。但是，安全性有时会与便捷性、美观性相冲突。

（9）高效性（Efficient）。高效性即节省空间、人员和运行花费。

图书馆需要尽可能高效且经济地运作，大多数大学强调最低运行和维护成本的重要性。近些年，空间管理、使用和高效性、生命周期成本逐渐受到关注，图书馆空间项目也需要证明花费的大量经费是物有所值的。对于图书馆空间设计来说，可以考虑将一些较少使用的馆藏放在移动书架上，或者放在校内或校外的商店里以提高经济效益。

（10）信息技术适用性（Suitable for Information Technology）。信息技术适用性即为读者和馆员提供灵活性服务。

图书馆空间需要允许读者可以充分受益于信息技术的发展。建筑物规划预算中至少需要划分出15%的经费用来为信息通信技术服务所需要的电缆、连接设备、硬件、安全措施等提供支出。在一些图书馆中，为了重新规划起来更加灵活，计算机通常被放置在一些普通的桌子上，也有一些图书馆则将计算机放置在专门设计的计算机桌上。同时根据计算机使用方式的不同也会有不同的摆放方法，如教学空间中的计算机通常以聚集的形式摆放，而个人学习用的计算机则以分散式布局。不管如何设计，图书馆空间设计的目标是将计算机以更吸引人的方式摆放以提供一个高质量的数字学习环境。现在越来越多的图书馆空间用于信息技术服务和信息技能培训。新兴设备的兴起也会对图书馆空间设计产生影响，如内助借还机、RFID技术、内助服务亭、智能卡片系统等都会改变图书馆空间原有的设计和布局。

（11）吸引力或惊奇性（Oomph or WOW）。吸引力或惊奇性是指有可以抓住读者的心、体现机构精神的鼓舞人心的空间。这一补充性特征并不好定义，因此被称为"Oomph"或"WOW"特征。优秀的设计师和规划师会将所有的特征集合在一起并维持巧妙的平衡，以获得一个具备鲜明建筑特色和令人感到愉快的内部空间，以此来抓住读者的心，同时也能体现机构的精神内涵。这一特征强调所有的特征融合在一起之后给读者带来惊奇或者吸引力感受，它包含了所有特征在内，强调的是一种综合性的感受。对于读者来说具体表现在，"在图书馆内找到空间很容易吗？""图书馆的社区定位是什么？""图书馆空间是否有扩展的可能性？""用户的总体空间感觉是什么？"等问题上。

（二）图书馆空间的分类

关于图书馆空间有很多种分类方法，主要有以下几种：

1. 根据功能划分

鲍家声认为，图书馆的规模、类型不论有多少差异，一般都由藏书部分、借书部分、阅览部分和内部业务部分4个主要部分组成[①]。藏书部分主要是书库，它是图书馆的重要组成部分。按其性质可分为基本书库、辅助书库、储备书库及各种特藏书库等。借书部分包括报刊目录厅、出纳厅等，这是读者借、还图书的总枢纽。阅览部分包括各种阅览室和研究室，这是读者活动的主要场所，在图书馆中占有较大比重。内部业务部分包括办公、管理、采编及其加工用房等。此外，还有为读者服务的门厅、储物处及洗手间等，同时一些图书馆包含报告厅、陈列展览室和会议室等。

2. 根据书的空间和人的空间划分

马慧生等将图书馆空间分为"书的空间"和"人的空间"两类，即资料信息存储空

---

① 鲍家声. 图书馆建筑[M]. 北京：书目文献出版社，1986：30~31.

间与人的活动空间两类①。资料信息存储空间是包含书、刊实体与电子虚拟信息设备的空间，俗称为"书"的空间；人的活动空间则包含行走（正常行走与安全逃生）、阅读、群体活动、听觉与视觉感受、借阅、办公等空间，这里包括了读者和馆员各自与共有的活动空间，俗称为"人"的空间。

3. 根据按信息资源的储存和利用划分

罗慧敏将图书馆的基本空间归纳为信息资源储存的空间、信息资源利用的空间两个主要部分②。除此之外，行政办公、内部业务等空间也是必不可少的空间类型。由于图书馆不可能仅由单一类型的局部空间组成，因此图书馆还有连接不同局部空间的交通空间，以及供大众活动的公共空间和必要的辅助空间。

信息资源储存是图书馆传递和利用信息资源的前提条件。信息资源储存空间又可以称为藏书空间，藏书空间在图书馆现实空间中通常是书库、期刊室、特藏室、缩微胶片储藏区域、多媒体资源储存区域和特藏区域等。这类空间的设计和布局需要充分考虑信息资源的类型、数量分布、内容分类等特点，合理安排各个空间的水平关系和楼层分布。

信息资源利用空间可以是图书馆中的普通阅览空间、报刊阅览室、电子资源阅览室、个人研究空间、信息共享空间、学习共享空间和其他辅助服务区域（如复印、扫描）等。满足用户行为习惯和空间需求的空间设置、组织和设计都有助于信息资源的利用。在信息资源的储存和利用两大基本功能的基础上，图书馆的功能和空间类型正在不断扩展。在高校图书馆中设置信息共享空间或学习共享空间，在公共图书馆中根据不同社会团体设置不同的阅读环境，图书馆在信息资源储存和利用所需的必要空间的基础上充分发挥其余空间资源的作用，为读者提供更多休闲、交流甚至娱乐的空间。

图书馆中的公共空间指除了信息资源储存和利用空间以外的其他社会活动空间，包括交通空间和辅助空间等，如门厅、庭院、休息区、卫生间等。门厅和走廊是所有图书馆都必须具备的交通空间。门厅一般用于接纳、分配人流，也可以兼顾宣传和展览的任务。走廊一般用于人流疏散和业务流通。两层或以上层高的图书馆建筑，还需要设置垂直交通空间，包括楼梯、垂直电梯、自动扶梯和坡道等形式。在图书馆中一些特别位置的楼梯，还起到装饰和美化空间、渲染空间气氛的作用。传统的辅助空间一般包括目录厅、借还区、信息咨询区等。随着科技的不断发展，图书馆辅助空间的类型也在不断扩展，如演讲厅、展览厅、庭院等也常出现在图书馆中。

---

① 马慧生，李蓉，吴玉萍. 从"悠·图书馆"看高校图书馆空间设计与新馆建设思路的转变 [J]. 图书情报工作，2014，58（S1）：113~114+118.
② 罗慧敏. 图书馆空间设计理念研究 [M]. 北京：社会科学文献出版社，2017：106~107.

图书馆的办公空间包括业务空间和管理空间两大模块。对信息资源的采集与加工都需要在图书馆的物理空间中进行。管理空间包括各类办公室等。这种为馆员日常办公而设置的空间应该以馆员的工作流程和需求来进行具体的设计。

第二节 公共图书馆特色阅读空间建设

公共图书馆特色阅读空间建设是当前文化背景下,适应人民群众文化多元化需求和乡村振兴、乡村旅游全方位发展的必然趋势。本节以陇南特色阅读空间建设为例,如何凸显地域文化特色,适应乡村及流动人群的阅读,提升民族文化素质进行探讨和思考。

一、公共图书馆拓展延伸服务的新模式

陇南市图书馆通过点面结合、凸显特色、打造特色阅读空间,实现书香陇南建设的目的。具体做法主要包括以下内容:

(一) 依托乡村旅游建设特色阅读空间

抓重点,以大景区为重点,利用人员流动数量多,可游可居的乡村旅游为工作突破口,创建特色阅读服务,使当地居民和旅游人员在红色文化感染和绿色景观的欣赏之余,能走进随处可见的书吧、茶屋,获得休闲阅读的愉悦。陇南市目前已在各县建设了10余个较有规模的特色阅读空间。例如,在陇南市文县氐族后裔白马山寨阳尕山建设的"归园田居书吧",充分利用该地是国家非遗文化所在地、大熊猫保护基地、九寨沟景区延伸区、民族风情浓郁、地方特色鲜明、夏季游客多且喜留宿休闲等特点,陇南市图书馆施策谋划,建设特色阅读空间,受到游客和群众好评,实现了文旅融合的特色阅读,2021年被中国图书馆学会评为典型事例,并制作成专题片向全国推广。

在全域乡村旅游典范县陇南市的康县和两当县,同样打造了具有一定规模和风格不同的特色阅读空间。康县在乡村旅游密集区建设特色阅读基地,与村史馆的乡愁文化、传统书画、手工、特色民俗文化等形成了立体式文化构建,同时,融于山光水色,使人文与自然景观相映生辉,游客为之驻足,实现了休闲、读书、品茗的社会新风尚。因此,文化需要因势利导,不断渗透,要发挥不同资源优势,多元化实现特色阅读服务,这是一项较为艰难而漫长的工作。

(二) 分门别类配套相关读物

特色阅读空间建设不同于市县公共图书馆服务的主体模式,其功能要与地域性相结合。

一是配套读物要倾向于普及读物和传统文化书籍，如农业科技、儿童教育、传统经典等，这类图书既实用，又喜闻乐见，群众容易接受，惠众面广，且与现代农村文化消费相适应较为妥当，做到有的放矢，不能让图书搁置，要让其流通，并产生效能；二是要提供红色文化图书，用正能量主导文化阵地；三是要让地方文献下基层，让游客阅读有新鲜感，让当地百姓阅读有亲切感，让地方悠久灿烂的文化传播出去、沉淀下来；四是要配置相应儿童读物，形成家长与小孩互动阅读的良好局面，营造社会教育、家庭教育的良好氛围。

二、特色阅读空间建设对公共图书馆功能拓展与提升的对策

特色阅读空间建设是国家提倡并要求公共图书馆服务便民性做法的体现，是新时代图书馆业务工作适应社会发展，促进文化繁荣的新举措，其服务形式多元化、特色化，为加强图书馆服务功能，提升便民服务水平，拓展阅读服务提供了广阔的空间。同时，特色阅读空间建设是一件新生事物，符合当前形势和图书馆顺应时代潮流，逐步实现多元化服务发展趋势的创新工作。多元化开拓业务是便民服务，是提高公民科学文化素质和社会文明程度，传承人类文明，坚定文化自信的具体体现。

（一）结合区域实际寻找对策

由于东西部地区及各区域经济文化等方面发展的不平衡，国家倡导的公共图书馆标准化、均等化实际难以落地生根。各地区间存在不同程度的差异性，主要表现在地方政府需要列入预算资金不足，在此背景和形势下，陇南市图书馆取长补短，通过社会资源和力量，利用地域优势，走出图书馆，建设典型特色阅读空间。陇南市图书馆还通过考察学习省内外图书馆，掌握了一定的地域情况和图书馆信息。因此，依据《中华人民共和国图书馆法》第四条规定，引进了社会力量和资金，联合建设特色阅读空间。其特点是：灵活运营，图书更新快，环境幽雅，服务特色突出，实现了便民性需求，弥补了公共图书馆阅读服务短板，产生了很好的社会效益。但这些做法仅为管中窥豹可见一斑，未必适应城市化水平高，文化繁荣，经济发达的地区，但具有启示作用。因为公共图书馆的共性特质是一致的，仅是业务工作的规模大小之别，服务优劣之别，社会效果之别。

（二）充分挖掘地域文化特色优势

将特色阅读空间延伸至社会，找准建设的着力点，进一步实现便民性服务，特色化服务，便能产生广泛的社会意义。例如，甘肃省各市（州）及县（区），地形地貌、景观特色、历史文化、人口分布等各显异彩，各有其长。河西走廊文化、佛教文化、遗存的壁画、汉简、儒文化遗存、边塞历史遗迹及诗词歌赋、天水麦积山、陇南西狭摩崖碑刻、官

鹅沟自然景观、甘南草原、藏民族风情等，都可以融入特色阅读空间建设之中，也可以分门别类地融入。一是红色文化遗迹、人物事迹图书图片，视频及实物资源的展示、讲解和阅读。二是传统文化的继承，历史人物和诗词碑帖的展示介绍，如陇上"二澍"（张掖张澍、阶州邢澍），敦煌书法家张芝，礼县诗词大家赵壹及唐代王仁裕等，皆誉满省内外，成为传统经典。弘扬历史名人名作，展示历史文化风采，是建设特色阅读空间的重要内容，也是找回历史记忆、抹去历史灰尘，以新的姿态走进现代人心中，重振民族文化自信、献身民族复兴的一剂文化良药。三是通过特色阅读空间，彰显地方文献优势、地域特色优势以及人民群众在社会变革中的奋斗史和辉煌史。基于公共图书馆的共同使命，国内公共图书馆都可通过特色阅读平台，重现历史记忆，让现代人慢慢理解人们从哪里来，步向哪里去的重要命题；四是建议国家从宏观视野在乡村振兴和城镇化建设进程中推进文化建设步伐，对居民小区、城镇住宅区域，依照人口容纳量，鼓励建设方打造一块方便群众读书的空间，让图书馆做好延伸服务，让特色阅读便民性逐步走向社会化，让文化的作用得以充分发挥，真正实现全民阅读的全覆盖，让书香社会万紫千红，春意盎然。

总之，公共图书馆特色阅读空间的建设，不仅仅限于陇南特色阅读空间，还需要不断完善和发展，调整思路，充实内容，有序管理，还可以将陇南地域性经验推而广之，启发国内公共图书馆寻优扬长，实现图书馆社会效益的不断提升。除此之外，云南和顺侨民所建图书馆，现代私人名人投资建设的图书馆，也是特色阅读空间的范畴。这充分说明一是图书馆业务范围不断扩大化；二是各具特色，服务形式多样，舒适、高雅、文化气息浓郁。但是由于数量有限，不具备普遍意义上的便民性服务。因此，要真正实现全民阅读推广的社会效能，促进民族文化素质的不断提高，还需充分发挥公共图书馆的力量，通过设施体系、人员力量延伸和细化多元化服务。图书馆功能作用具体化、效能化是建设特色阅读空间的目的，陇南特色阅读空间的创新模式或许能给更多公共图书馆带来启示，若能广泛付诸实施，必将加快公共文化建设标准化、均等化、便民化服务的进程，利国利民，造福后代。

第三节 空间再造视角下主题图书馆建设

一、主题图书馆的概念辨析与典型实践

（一）主题图书馆的概念辨析

主题图书馆是图书馆事业高质量发展过程中的一种产物，也是公共图书馆谋求转型发

展的新模式。其在资源收藏范围和隶属机构以及服务对象上与我们熟知的专门图书馆（专业图书馆）、特色图书馆概念相近但略有差别。主题图书馆近十年在我国图书馆业内兴起并展开研究，业内比较认可的概念为：通过特定领域（某一领域或数领域）的专藏和服务来满足人们对专类知识和专门主题信息需求的图书馆。

随着主题图书馆研究的不断深入，其概念也不断深化。通过概念的界定可以明晰主题图书馆的特征：其资源是围绕主题进行组织，其主体可从属于某机构图书馆或者独立存在。而特色图书馆更多地强调资源类型和载体形态的特殊性，此外还表现在服务和管理等方面的特殊性。可以看出主题图书馆的内涵和外延更加宽泛，建设模式更加灵活，服务群体范围更加广泛。

（二）主题图书馆建设典型实践

近年来，我国公共图书馆服务体系不断完善，主题图书馆建设成为深化服务的重要举措，受到公共图书馆界的积极响应。特别是《"十四五"公共文化服务体系建设规划》中指出，要"建设以人为中心的图书馆"，更为全国各地主题图书馆的建设指明了方向。选取主题图书馆建设成效较好且比较有代表性的上海、杭州、广州3座城市的建设实践案例，以资借鉴。

1. 上海市主题图书馆建设实践

上海自2001年推出城市中心图书馆总分馆制以来，就着力于探索上海市中心图书馆总分馆和主题图书馆建设相结合的发展模式，到2009年上海都市主题图书馆的布局雏形也已完成。经不完全统计，目前上海已经建成虹口区曲阳电影资料主题馆、长宁区中国之窗国际主题馆、杨浦区上海近代市政工业主题馆、浦东新区陆家嘴功能区金融主题馆、松江区上海地方文献主题馆、闵行区非物质文化遗产主题馆等20余家。上海计划通过越来越全面的主题分馆体系，打造多元复合的文化空间，有效拓展"阅读+"的范围。以浦东图书馆为例，近年来，其着力推出融书房、南书房、名人主题分馆、运动主题分馆、科技主题分馆、国际象棋主题分馆、世集主题分馆、船文化主题分馆、影像主题分馆、艺术主题分馆共10大主题分馆。通过创建不同种类的主题分馆，精准满足不同地域、不同类别读者的个性化需求。为适应社会发展和用户需求，上海努力营造"小而美"的空间布局，将虚拟资源和实体资源融为一体，让资源、服务、用户有效地连接起来。

2. 杭州市主题图书馆建设实践

为倡导全民阅读，助力建设书香社会，杭州图书馆主动作为，积极打造各类型主题分馆，逐步推进杭州公共主题图书馆文化服务体系建设。2007—2017年，通过社会化合作和自建的方式，陆续建立起15个分馆，随后制定《杭州图书馆主题分馆建设与管理规范》，主题分馆建设呈现井喷式发展，2018、2019两年间就建成11家主题分馆。自2007年第一家馆外主题图书馆——西子盲文分馆建成以来，目前已陆续建成主题分馆29家。杭州图书馆主题分馆涵盖音乐、运动、电影、动漫、佛学、宋韵、诗歌、宪法和法律、健康、茶文化、钢琴、科技、运动、生活、环保等多个领域。建馆模式主要分为自建和社会化合作办馆两种形式。2015年建成的运动分馆是杭州图书馆与大型企业合作共建的首家主题分馆，随后企业、社会机构合作建设逐渐增多。可以看出，杭州图书馆历经多年的实践探索，形成了多元化、特色化的主题图书馆"杭州模式"。

3. 广州市主题图书馆建设实践

2015年，《广州市公共图书馆条例》《广州市"图书馆之城"建设规划（2015—2020）》相继颁布实施，为主题图书馆建设提供了有力的政策支持。在"图书馆之城"建设中，"总分馆制"大放异彩，广州图书馆在总馆内陆续成立了广州人文馆、多元文化馆、语言学习馆等馆中馆。同时还有在馆外建设的主题分馆，如在天河区天河科技园设立的艺术主题分馆，以科技和艺术类图书为主，配备二十四小时智能微图书馆设施，打造现代新型的阅读、学习、文化和艺术的交流空间平台。地处广州城区中心的市一宫分馆，系电影、书画艺术主题图书馆，纳入全市公共图书馆通借通还服务网络，馆内配置了电子书借阅机、钢琴、电视屏幕等设备，可满足读者举办读书会、视听鉴赏、书画展览等多种文化需求。2022年8月，广州市文化广电旅游局正式印发《广州市"图书馆之城"建设五年行动计划（2022—2026）》，提出计划要建设各具特色的主题图书馆分馆，体系化打造红色文化、岭南文化、海丝文化、创新文化、法律法规、动漫游戏、知识经济、自由贸易等主题分馆，配合主题分馆建设，打造广州数字图书馆虚拟主题馆。广州图书馆坚持以读者为中心，积极探索主题图书馆的标准化、规范化建设，深化服务、提升效能，受到了读者的广泛欢迎。

二、主题图书馆空间再造的主要模式

主题图书馆的建设主要分三种模式：一是"馆中馆"模式，许多图书馆根据本馆的优势主题资源，集中主题藏书，将馆内空间进行改造优化布局，增设主题阅览区域；二是与之相对的"馆外馆"模式，是在大型公共图书馆外进行有关主题馆的谋划布局；三是"独立建馆"，其不隶属于某大型图书馆或机构，是独立建设和运营的主题图书馆。

（一）"馆中馆"模式

主要指在图书馆内开辟一定的空间来建设的主题图书馆，具备这样条件的一般是文献资源和空间资源较为丰富的大型图书馆，根据本馆某些主题特色资源的丰富程度，确定服务主题，进行系统化搜集整理，同时对主题图书馆空间进行改造，营造适合主题内容的空间环境。如东莞图书馆的粤剧图书馆收藏了四千多种、七千余件粤剧文献资料，为读者提供阅览、视听等服务。东莞漫画图书馆是我国大陆第一家动漫主题图书馆，为广大读者提供漫画阅读、动画欣赏、动漫教学、原创展示、产业推广、文献研究等多元化服务。"馆中馆"建设模式在资源整合、空间再造、人员管理、服务提供等方面相对简单，均在同一馆舍内进行，整体布局较为灵活，故许多公共图书馆采取此种主题图书馆建设模式。

（二）"馆外馆"模式

主要指总分馆模式下中心馆外设立的较为独立的主题分馆。随着各地总分馆体系建设的不断推进，许多有条件的公共图书馆结合读者需求和本馆资源优势，在馆外设立了特色鲜明、形式多样的主题分馆。如杭州图书馆佛学分馆，以木质结构家具为主，是一座典型的江南民居结构的馆舍，除提供佛学文化书籍外，还定期举办相关主题讲座、展览等活动。台州市图书馆武警分馆是台州首家对公众开放的军事主题图书馆，以军事类书籍为主，涵盖政治思想、军事科普等门类，满足部队官兵及公众的日常阅读需求。在虹口区图书馆曲阳分馆设立的上海影视文献图书馆，以集中揭示该馆影视特色馆藏为主，陈列了影视海报、杂志、名人手稿以及复古留声机等多媒体视听设备。广州市海珠区图书馆书香家庭教育分馆，是全国首个家庭教育主题图书馆。除提供教育学、心理学等方面图书借阅服务外，还开展主题沙龙、讲座等活动。相较于"馆中馆"，"馆外馆"建设模式需要考虑的因素更为复杂，如资金投入、合作模式、选址地点、人员管理等方面都要进行综合考量。

（三）"独立建馆"模式

主要指不隶属于某类图书馆，独立建设和运营的主题图书馆。如各市、区（县）政府机构或企事业单位依据当地特色主题文献资源建设的图书馆。徐州市云龙区图书馆是"中国唯一汉文化主题图书馆"，在设计理念上多处融入和呈现汉文化元素，如汉砖、竹简等极具鲜明特色的汉文化元素。图书馆内特设"汉文化专区"，定期举办汉文化交流会。月溪花渡图书馆坐落在福州市永泰嵩口月洲村，其核心建筑为乡村公益图书馆，这是中国第一个以民间工艺美术为主题的图书馆，该馆由月洲乡村水电站改造而成，致力于打造成乡村文创联合空间。"独立建馆"模式的建馆过程自主性更强，更能凸显区域资源特色，在个性化冠名、空间设计、服务推广等方面也更加灵活。

三、空间再造视角下公共图书馆主题图书馆的建设策略

《"十四五"公共文化服务体系建设规划》指出："要优化公共图书馆环境和功能，营

造融入人民群众日常生活的高品质文化空间，建设有温度的文化社交中心"。在此背景下，各地公共图书馆应充分利用本馆馆藏数字化资源、空间资源、现代化设施设备等方面优势，开展主题图书馆建设，提高资源品质、塑造阅读品牌、探索空间服务跨界融合模式，以推进主题图书馆体系化发展。

（一）挖掘资源优势，开展品质化主题服务

主题图书馆相关主题资源的数量和质量是其开展社会化服务的基础。

首先，主题资源的建设要遵循特色化、持续化的原则，根据本馆或区域内学科资源优势及读者需求选定主题并进行系统化收集。如傅雷图书馆收藏了各种与傅雷生平相关的文学创作、译著、艺术评论、书信手稿等文献和实物资料，展示了傅雷丰富的著述。

其次，为了有效地提供主题资源服务，还应该深层次挖掘主题资源，对其进行加工、整理、分析，有效揭示与整合，以实现馆藏资源的优化配置，走品质化资源服务路线。

最后，主题图书馆还可以会聚或聘请该主题研究领域的专家学者，对有专业需求的读者开展深层次参考咨询服务。如广州图书馆立法分馆，针对市民遇到的法律方面的难题或纠纷，推出了"专家志愿者咨询服务""法律专家一对一咨询"等公益法律服务，定期为普通市民提供免费的法律咨询服务。

（二）依托资源特色，塑造品牌化主题空间

随着知识经济的发展，人们越来越需要品质化服务，希望能够快速而有效地从众多的信息服务机构中找到自己所需的资源与服务。主题图书馆通过塑造活动品牌可以提高社会知名度和美誉度，扩大影响力，强化服务形象，使其推广的主题资源和活动更具特色，这也是其探索开展高质量服务的路径之一。如杭州少儿图书馆创建了"小可妈妈伴小时"亲子课堂、"名师阅读公开课""家有儿女"家庭教育沙龙、"生活体验课堂"等一系列以阅读、游戏、体验为主的公益活动品牌。塑造图书馆品牌的过程就是图书馆探索差异化发展的过程。要充分了解本馆资源、人员和软硬件技术条件，整合优势资源并进行有效推广，使其具有一定知名度；在大量的宣传推广过程中，让读者对品牌活动逐渐有了一定的认知度；再通过优质的活动项目不断地满足读者的需求，循环往复地给予读者良好的用户体验，从而获得用户的忠诚度。好的品牌价值可以传递出主题图书馆服务的核心理念，并以此来连接读者，获得读者的广泛认可和青睐。

（三）依靠技术赋能，打造体验式主题空间

主题图书馆不仅要为读者提供专业的馆藏、数据库资源，还应提供可以激发其创新的

工具和思维的空间。近些年，大数据、云计算、物联网、人工智能等信息技术的发展，为主题图书馆空间再造提供了新的契机，通过新技术的应用可以大大提高图书馆的信息化、智能化水平，使其空间环境更加人性化。同时结合主题资源，举办内容丰富、形式多样的主题阅读推广活动，将资源、技术、服务、用户有机地结合起来，以增强用户的体验感和获得感。如成都图书馆主题分馆——天府人文艺术图书馆实现了现代图书馆与科技、旅游、美学生活场景、书店等多行业的跨界融合，科技范儿十足，馆内配置了 RFID 图书定位系统、二十四小时自助图书馆、智能场馆、机器人馆员、智慧墙、大数据实时发布等设施。杭州图书馆生活主题分馆是国内第一家城市生活主题特色公共图书馆，推出了美食、养生、艺术、旅游等主题个性体验分享活动系列，将传统阅读与体验式服务有机结合，开创了"体验式阅读"的新服务。技术驱动下的主题图书馆空间再造能不断丰富完善图书馆业态和读者体验，使其向着创新、融合、共享的方向发展。

（四）因地制宜，探索跨界融合模式

近年来，我国各级政府部门为了满足人民群众多元化的文化需求，在公共文化服务体系中逐渐重视对社会力量的引入，这也是文化产业发展的大势所趋。广州市文化广电旅游局《广州市"图书馆之城"建设五年行动计划（2022—2026）》提出实施专题馆藏创建计划，鼓励各级图书馆与政府相关部门、其他公共文化机构等合作，建设有代表性、有特色的专题馆藏。在建设主题图书馆时，应不断探索体制机制创新，集中利用各机构、团体的资源优势进行资源互补与深度合作，逐步转向政府扶持、市场主体、社会化合作的主题分馆建构体系，推动主题图书馆与旅游、体育、时尚、科技、金融等多领域的融合发展，以吸引更多社会力量广泛参与。

如杭州图书馆运动分馆是杭州图书馆与大型企业合作共建的首家主题分馆，集阅读、体验、交流、互动为一体。贵港市图书馆与市农业科学研究院合作建立的"贵港市乡村振兴科技主题图书馆"以三农科研类为主题，真正做到以人为本、因地制宜、科学建馆。深圳文化创意园图书馆（CREED）是由深圳市福田区图书馆、深圳文化创意园、深圳市杜马文化发展有限公司三方精诚合作、共赢发展而设立。通过跨界融合，可以进行资源互补，突破发展局限，能够更深入地了解不同群体的需求，使主题资源的推广更加精准有效，主题空间建设更加有的放矢。

（五）因势利导，推进规范化、体系化发展

《"十四五"公共文化服务体系建设规划》指出，要试点推进建设一批管理先进、特色鲜明、与社区融合共生的主题性阅读场所。北京、四川、青海等地明确将打造"特色阅读空间""特色专题馆"等纳入"十四五"公共阅读服务任务。杭州图书馆已建成的主题分馆服务范围覆盖杭州10个区、县（包括9个主城区及桐庐县），特色主题资源服务区域做到覆盖全杭州，服务人群面向全杭州范围内所有市民，形成了一定的规模体系，呈现出良好的服务效益。

推进主题图书馆规范化、体系化发展可以从顶层设计、政策落实、资源建设、品牌打造等方面重点提升阅读空间品质，优化资源配置，不断延伸服务空间，拓宽服务覆盖面，以满足不同层次、不同地域读者专业化、个性化、精准化的阅读需求。公共图书馆主题图书馆的集群化、体系化发展也是推进总分馆创新实践的一种有效形式，为我国公共图书馆事业高质量发展起到了引领和示范作用。

第四节 公共图书馆智慧化空间服务模式

一、公共图书馆空间服务现存的问题

（一）空间服务建设缺乏论证、目标不清

目前公共图书馆空间建设与空间服务仍处于创新探索阶段，部分图书馆存在盲目跟风建设现象，大部分的空间设置都是自主设立，缺乏实际需求调研，尚未经过合理科学的论证和规划，同时缺少规范标准的指导，虽有一些智慧图书馆建设的设计规范指导和服务开展指导，但未能形成广泛认可，且对公共图书馆空间服务的具体定位、空间结构、空间功能等方面未进行详细说明和规范标准，导致部分图书馆空间服务在空间建成后未能得到充分的利用，没有形成有效的、用户真正需要的空间服务。

另外，空间服务的目标存在不清晰现象，未能进行精准的服务对象定位，没能实现真正的应需而设，缺少对各群体用户进行深度调查和需求分析，应该面向本地区的用户类型特征进行合理的布局和规划建设。

（二）空间服务功能较为传统、缺乏创新性

从调查来看，目前的公共图书馆内空间服务功能都是较为传统的配置，如学习空间、藏书空间、借阅空间、研讨空间。部分图书馆虽开设了创客空间、信息共享空间，但总体来说其空间的服务功能仍较为传统，服务内容多为文献传递、馆藏查询、图书续借、电子资源获取、活动报道和在线展览与讲座、咨询服务和简单的物理空间提供，在我国仅有北

京、上海、辽宁、四川、湖南、青海和云南等地的7个省级公共图书馆提供有读者研习室、数字阅览区和创客空间。而且，这7个省级公共图书馆仅提供其中的部分服务，凸显出我国图书馆智慧空间服务的不足。不同群体在不同空间环境中会产生不同的需求，但图书馆现有空间服务模仿多，创新少，缺乏个性化、特色化的空间服务，应该在满足用户主体服务需求的基础上，兼顾少数群体和特殊人群的需求，更加注重公共图书馆在民众服务中的普适性，体现技术时代的人文关怀，坚持新时代中不变的以人为本。

（三）空间服务技术应用程度低、缺少智能化

技术是智慧服务开展的重要基础，然而，目前大多数公共图书馆运用智能技术不足。一方面，体现在智能化物理设备上，如智能座椅、智能机器人、智能区域化温控、智能终端设备等设施在公共图书馆应用较少，相应的控制设备、感知系统都仍在实践阶段；另一方面，如人工智能、大数据、云计算、5G、物联网、虚拟现实技术等智能技术尚未在公共图书馆实现广泛整合部署，仅有深圳图书馆等少数公共图书馆应用部分智能技术。

此外，还有新媒体技术、智能图书馆空间管理系统等应用较少，不能有效获取图书馆用户的行为数据、业务数据，导致公共图书馆空间只能呈现阅读、学习、培训、展览等常规服务功能，不能提供虚拟与现实结合的更多服务，无法开展虚拟空间中的智能设备互连、用户智能管理、用户行为智能分析、用户智能决策支持等多样化智慧服务。

（四）空间服务信息安全保障不足

公共图书馆空间服务过程中必然会存在用户数据和业务数据保障和管理，然而，目前的公共图书馆空间服务未能建立有效、完善的数据保障体系。当前，智慧空间主要以终端设备的感应采集能力为主来搜集用户信息，但由于智能设备应用不足，公共图书馆空间中的应用系统的数据接口和数据规范存在差异，限制了用户数据形成集成保障体系，同时，也限制了图书馆空间开展更多的虚拟服务、线上服务，只能以实体服务的形式呈现。另外，大多数公共图书馆的技术安全人员配备不足，所拥有的技术安全权限级别也较低，在保护用户信息数据安全方面存在不足，信息安全成为公共图书馆空间服务应该重视的问题。

二、公共图书馆智慧化空间服务的新特征

（一）服务形式智能化

智慧化服务视域下，图书馆空间服务不再仅仅依靠人工服务方式，而应该更多采用人工智能助手服务，如人脸识别、人机交互、智能触控、图像识别、无人运书车、机器人、

智能应答系统、智能搜索引擎、智慧服务平台等方式，这种人工智能服务方式不仅体现在图书馆空间管理业务中，还会在用户服务流程中发挥巨大作用。由人工智能助手实现的服务方式能够给用户使用过程提供便捷服务，能够及时发现用户在某一空间中的需求，并以最高效率来执行用户对其作出的各项指示，在交互过程中满足用户需求。公共图书馆在建设智慧化空间和空间服务时应抓住人工智能、大数据、5G技术等带来的新机遇和新动能，合理选择智能技术来搭建智能服务方式，将其运用到图书馆空间服务中，实现服务形式智能化。

（二）服务空间多元化

各地公共图书馆应该面向本地区具体用户需求，搭建多元化空间类型以实现更多服务内容，摆脱服务空间和服务内容单一、传统的问题，如面向本地特色文化宣传推广建设地方特色文化空间；面向本地高校和科研单位协同建设科研空间和虚拟仿真空间；为用户建设沉浸式阅读空间、交互式阅读空间；为特殊群体建设辅助阅读空间；为创新创业群体建设创客空间，并配备相应服务设施；为进行红色文化教育建设红色教育空间。公共图书馆可在前期开展广泛调研，了解大部分用户的需求，同时，适当满足用户的个性化需求，以空间的多元化支撑空间服务的多元化。

（三）服务方式主动化

互联网时代，用户往往倾向于接受推送式的主动化服务，更加青睐图书馆根据用户的需求进行精准式、个性化的服务推送，这就需要公共图书馆对用户需求进行精准把握，思考如何让互联网时代的用户走进图书馆空间。公共图书馆需要依据用户意愿设计自主化设施和终端设备，让技术嵌入用户使用过程来提高用户的喜爱程度，可以为用户提供智能泊车指引、用户与书籍的智能定位、用户数据实时统计、智能空间导航、服务巡视机器人、智能介入、精准智能推送、智能发现等主动化的服务；在特定的空间场景中提供馆员与用户的深度对话、提供进一步的交互式服务，通过机器人的智能和馆员人的智慧相结合，实现用户在图书馆空间中阅读服务、科研服务、参观服务、咨询服务、虚拟服务等方面的自动化，以服务方式的主动化提升用户使用服务的自主性和便捷性，进而提升图书馆空间服务的质量和效果。

（四）服务对象多样化

公共图书馆面向的用户类型复杂多样，不仅包括一般用户，还包括儿童用户、老年用户、残疾人用户、外国用户、农民工用户等群体，不同群体对图书馆空间服务的需求不同，获取空间服务的能力也不同。公共图书馆需要对本地区的用户群体进行划分，尽可能地为每一类用户提供所需空间服务，使每一位用户都有获得图书馆空间服务的权利和能力；还需要将其物理空间、用户的学习空间、工作空间、生活娱乐空间、家庭空间、网络空间等空间贯通，将图书馆空间与多类型的用户融合起来，提供泛在化、全域化的空间服务，为更多用户、更多类型的群体提供不受时间和地点约束限制的智慧化服务功能和内容，将信息、知识、文化通过服务的延伸传递到用户的具体需求情景中去，真正实现以人为本、以用户为中心的公共图书馆智慧服务，帮助用户树立终身学习观念。

三、公共图书馆智慧化空间服务模式架构

通过对目前公共图书馆空间服务存在的问题和新时代公共图书馆智慧化空间服务的新特征进行综合分析，认为公共图书馆智慧化空间服务是在馆内空间基础上开展的智慧服务，是基于智能技术和海量资源，通过智能化的设施设备搭建起来的多类型图书馆空间中实现的多元空间服务，具有智慧化、精准化、个性化、交互式等诸多特点的集成服务功能和内容，旨在面向多类型用户提供满足其需求的智慧服务。因此，本书在把握公共图书馆智慧化空间服务特征的思想指导下构建公共图书馆智慧化空间服务模式框架，总体结构包括技术资源层、智能设备层、智慧服务层、空间交互层。

（一）技术资源层

技术资源层是公共图书馆智慧化空间服务模式最底层，是支撑智慧化空间服务实现的基础。公共图书馆为保障服务开展，需要打造智能技术体系和数据资源体系，可以通过引进相应的技术或与其他兄弟馆、高校图书馆等协同使用相关技术，如物联网技术、大数据技术、云计算技术、5G 技术、图像识别技术、语音识别技术、机器学习、虚拟仿真等，建立实体和虚拟结合的技术体系，实现空间的智能化。同时，公共图书馆还可以与其他图书馆建立馆际联盟共享书籍文献资源、地方文化资源、红色文化资源、学术资源、网络资源等；通过自建数据库或引进数据库，建立完善的数据库存储和保障体系，将用户使用空间内设备的各项数据存储下来，形成用户数据资源，并进一步分析处理，分析用户对图书馆空间服务的态度反馈、指导建议以及用户的行为特征、偏好、需求等方面的信息。例如，上海图书馆基于科学技术情报研究所的资源条件通过部署智能技术和广泛采集数据资源，实现由"以资源为中心"向"以人为中心"的服务理念转变，以技术和资源的优势赋予用户信息和知识，促进其能力提升和智慧发展。

（二）智能设备层

智能设备层是支持公共图书馆智慧化空间服务实现的物理基础，主要包括硬件设施和

软件设施。其中，硬件设施包括智能机器人、智能书架、智能桌椅、传感器、RFID 读写器、智能摄像机、智能温控、VR 设备、人脸识别设备、智能书架、触摸屏界面、立体幻灯投影仪、人眼追踪设备、智能控制设备、智能互动设备、智能导航设备等；软件设施主要包括多媒体软件、开发软件、语音识别系统、计算视觉系统、定位系统、智能空间管理系统、数据模拟和可视化软件、智能服务平台等。通过硬件设施和软件设施的功能提供实体空间和虚拟空间中的线下服务和线上服务，支持实时服务获取和非实时服务获取，并可在移动设备、固定设备等多种设备上呈现使用。公共图书馆空间要根据需求部署智能设备，在设施部署上要具有灵活性，要适应用户需求的多样性也要适应设备的新老更替，不可盲目追求新设施而忽略实际需求程度，要善于运用智能设备与技术相结合，与技术资源层协同支持空间实现智慧服务、智能空间管理，实现公共图书馆空间服务的智慧化。

（三）智慧服务层

智慧服务层主要承担公共图书馆空间为用户提供智慧空间服务内容的功能，将是图书馆空间服务"智慧"特征的体现，将以用户为核心，围绕用户对图书馆空间的多样需求进行工作，发挥其智能、赋能的服务价值理念。公共图书馆丰富的智慧空间服务是吸引用户的关键，需要针对用户阅读、科研、学习、休闲、交流等需求进行规划，充分发挥空间的作用，既有传统的资源获取服务，更有智慧化的体验服务和个性化服务。例如，可以为用户提供智能借阅、沉浸式阅读、交互式阅读、科学研讨、儿童老年辅助、创客支持、红色教育、智能推荐、智能问答等空间服务功能。此外，也可为公共图书馆和馆员自身工作需要提供空间管理和服务管理功能，如智能设备管理、系统管理、馆员介入、智能控温、智能预警、安全保障、数据可视化、用户管理、知识图谱等内容。例如，深圳图书馆针对用户的不同需求设置各类阅览区、视障阅览室、少儿服务区、讲读厅、读者讨论室、网络信息空间、创客空间、法律区、艺术设计区、影像馆、地方文献专区、政府信息公开查询专区等空间区域，从而将设备、技术、资源的效果发挥出来，实现空间服务由线下到线上、由现实到虚拟、由被动到主动、由单一到多元的优化，为用户提供高质量空间服务。

（四）空间交互层

空间交互层是公共图书馆智慧化空间服务与用户进行交互的层面，也是服务所依存的空间类型。图书馆在融合设备、技术、资源、馆员等众多要素的基础上搭建出智慧空间，形成综合服务系统。在空间规划上，公共图书馆应注重规划与调整的灵活性和实用性，注重空间与用户具体需求情境的对接。例如，面向文化交流、阅读、宣传教育、虚拟体验等情境搭建出文化交流空间、沉浸式阅读空间、交互式阅读空间、儿童老年辅助空间、主题教育空间、虚拟仿真空间等类型的智慧化空间，形成多功能的空间设置，且空间之间具备相互协同和调整的能力，在保障文化知识传播功能的基础上开展更多个性化空间，增强体验感、交互感，提升公共图书馆在公共休闲、文化社交、科研支持、智慧体验等方面的作用。

第三章　公共图书馆文献资源建设的思考

第一节　公共图书馆文献资源选择与采访

一、公共图书馆文献资源采访工作现状

文献资源采访工作,是指根据图书馆的性质、任务、读者需求、经费状况,通过寻找、选择、采集等方式建立馆藏,并连续不断地补充新出版物的过程。工作内容包括:制定采访方针、计划和文献搜集标准,研究图书市场和书源信息,收集有关书目,调查读者需求,研究书目,进行初选和查重,领导和专家小组审核初选书目,文献订购及发订单,建立文献采访档案并归档,新书到货验收和登录,对未到文献进行跟踪,财务及账款处理,新书移送编目,收集反馈信息,复选与剔除,采访协调,质量评估等,是图书馆一项重要的基础工作,是开展各项服务工作的基础和保障,不仅决定着馆藏结构和质量,也影响着公众对图书馆服务的满意度。

（一）公共图书馆采访工作的新变化

进入21世纪以来,公共图书馆采访工作发生了一系列变化,主要表现如下:

1. 采访对象的变化

首先,文献资源出版数量和种类激增,而公共图书馆受购书经费和馆舍面积所限,实际入藏文献种数及相对完备程度偏低,所入藏的文献品种占年出版品种比例呈下降趋势。

其次,文献资源载体多样化,大量的磁盘、磁带、光盘、网络数字化信息等新型文献载体对传统纸质文献形成巨大冲击。

2. 采访渠道的多样化

过去图书馆采访文献主要依靠新华书店,而随着文化出版事业和市场经济的蓬勃发展,目前图书馆采访文献的来源除了新华书店,还有大量民营书店、图书发行企业和网络书店可供选择。

3. 采访方式的多样化

图书馆传统文献采访方式主要以书目订购为主，以现场采购、图书交换、赠送等其他方式为辅，而随着市场经济及电子商务环境的不断优化，各种文献采访模式应运而生，如采购招标、网上采购、采购外包等。科学合理地确定文献采访方案是采访人员所面临的首要问题。

4. 采访策略的改变

过去公共图书馆大多习惯于按照自己的设想、规划、资金和人员情况独立作业，文献资源建设处于一种较分散、各自为政的状态，容易造成区域内文献信息建设规模小、内容重复、缺乏协作共享等弊端，而现在为实现区域内图书馆资源建设的共享，各种合作性采访、集团式采访已成为发展趋势。

（二）当前公共图书馆采访工作面临的问题

第一，新学科、新知识的不断涌现给采访工作带来难度。随着科学技术相互交叉、相互融合越来越普遍，新兴学科、边缘学科不断涌现，知识更新越来越快，广大读者对文献信息的需求更加迫切，对文献内容的需求也趋于全方位，这些都对文献采访工作提出了更高的要求。

第二，采访工作人员存在主观性和盲目性。采访工作人员长年累月埋首于繁重的选书、查重、验收、登录等技术性工作，容易出现凭感觉和凭经验行事的倾向，令采访工作带有主观性和盲目性，从而忽视对读者阅读行为的研究，忽视对自身科学知识水平的提高和文化视野的扩大。

第三，政府采购方式削弱了图书馆对文献源的选择权。政府采购原则上要求每年重新招标以确定供应商，但很难有一家供应商能保证每次都中标，长期、连续出版的多卷书、工具书、套书等不可能一次出齐，频繁地更换供应商可能对馆藏的系统性和完整性造成影响。

第四，缺乏对采访工作的监督与评估。对采访工作的监督与评估的意义在于提供反馈信息，指出图书馆采访工作的优点与缺失。缺乏对图书馆文献利用率、利用效果以及读者和社会对图书馆文献认可度的监督与评估，难以把握读者的实际信息需求。

另外，资源建设经费不足、图书馆空间有限等老问题，依然制约着公共图书馆资源建设的整体发展。在争取地方财政加大投入的同时，图书馆尤其要注重资源采访方面的协作协调，利用各种地域性、行业性文献资源共建共享机制，实现资源建设与服务的社会效益最大化，避免重复采购、资源浪费的现象。

二、公共图书馆文献资源选择的原则与标准

文献资源选择是指依据图书馆的性质和任务、服务对象的需求、地区发展的特性、馆藏特色的建立以及馆藏均衡发展的需要,对众多的文献进行鉴别、判断和挑选的过程,其结果对馆藏文献资源的质量起着决定性作用。为了以有限的购置经费建立适用的馆藏,以满足现代图书馆的功能需要,提高文献选择工作的质量和效率,文献选择工作应吸纳专家学者及一般读者参与,并由专职文献采访人员选择、采集文献。

(一)文献资源选择的基本原则

文献资源的选择应以合法出版物为前提,并配合图书馆的服务宗旨和读者需求拟定选择原则,一般可以分为文献资源的选择通则和各类文献资源的选择标准。

1. 文献采选的基本原则

文献采选的基本原则即文献采选时应遵循的具体原则,应具有可操作性。例如,实用性原则,公共图书馆读者阅读需求多表现为求知型、实用型和娱乐型,馆藏应以"用"为中心;经济性原则,在能够应对读者需求的前提下,根据有限购书经费选择适用文献;系统性与发展性原则,即尽量要保持藏书内容的延续性和完整性,反映学科知识体系的交叉和联系,同时又能适应时代的发展;特色化与分工协调原则,即建立有重点、有特色的专门化资源体系,同时通过区域共建共享从宏观角度形成类别齐全、类型多样的综合性资源体系。

2. 不同类型出版物的采选原则

规定不同载体文献的采选原则、采选方法及所占的比例。其中,中文图书采选应依据图书馆藏书发展政策,注意藏书的学科结构和层次结构的合理组配,获奖图书及畅销图书尽量全面采选,及时入藏各学科最前沿、最重要以及经典著作;丛书、多卷书及重要的工具书等一般不出现缺订、漏订,各类入藏文献应符合馆藏规划和年度采访计划的要求;中文报刊采选应从总体上保持入藏量相对稳定,在保持原有纸质期刊的系统性和连续性的基础上,尽可能提高期刊需求满足率;外文图书报刊应根据图书馆馆藏特色及本地多元文化阅读需求,有选择、有重点地精选采购。

3. 各学科文献采选的原则及标准

应区分重点馆藏和一般馆藏,根据读者需求,调整各种文献资源的比例结构,有重点地进行资源投入,保证重点、兼顾一般,充分体现馆藏文献配置的科学性和合理性。

4. 采访文献的结构

包括学科结构、等级结构、文种结构、时间结构等，用以确定馆藏的完备程度、内容深浅程度以及满足特定文献需求的水平。图书馆首先应根据馆藏特色和用户需求确定馆藏的学科结构，然后根据图书馆的性质与规模、馆藏内容来划分馆藏级别，并确定馆藏的文种结构和时间结构，由此形成整体馆藏文献结构。

5. 复本量

规定各类文献每种的单册采访数量。根据图书馆的性质、任务、特点和读者需求，以及典藏空间和管理能力，确定不同学科、文种、等级、类型文献的复本量。

6. 文献采访方式及渠道

即各类文献的获得方式及管理办法。详见本节"三、公共图书馆文献资源的采访方式"。

（二）文献资源选择的标准

公共图书馆应该根据图书馆的性质和任务，以及广大人民群众娱乐和终身教育的需要，同时兼顾各个年龄层次和各种文化水平读者的需要，制定详细的操作性强的文献选择标准，其中需要重点考虑如下因素：

1. 文献的读者对象

图书馆要选择适合读者水平、能力和需求的文献。每种文献都有特定的读者对象，许多书目则直接或间接地提供了相关信息。基层公共图书馆通常以满足读者一般生活、休闲、学习与工作的文献需求为主，同时兼顾服务于地方产业经济发展的高端应用或科学研究需求。

2. 文献内容的主题

图书馆应根据自身性质和任务制定详细的类目表，分别确定重点选择和一般入藏的文献主题，以指导文献选择工作。在看不到文献原件的情况下，可通过书目提供的题名、内容简介及有关评论初步确定文献主题。

3. 文献的责任者

文献的责任者主要指文献的著者和编者。一般而言，公共图书馆不可能入藏某学科的全部文献，因此在选择文献时应优先考虑著名责任者的著作，因为文献的责任者在学科领域中的地位和知名度基本可以反映该文献的学术价值。

4. 文献的出版者

通常情况下，应优先选择由专业或著名出版机构出版的文献。

5. 文献的价格

图书馆在制定文献选择标准时，应根据自身经费情况确定文献的单种最高限价，对价格较高而又必须或应该入藏的文献，应提交具有审批权限的主管领导研究决定。

三、公共图书馆文献资源的采访方式

按照采访主体划分，可分为单馆自行采购、合作采购、集团采购和采访外包；按照经费使用权限划分，可分为政府采购和自主采购；按照采访工作方式划分，可分为预采、现采、邮购、网购、交换、调拨、征集等。图书馆应主动寻找文献来源，综合利用多种方法和渠道，以保证及时获得读者所需的文献资源。

（一）按照采访主体划分

1. 单馆自行采访

单馆自行采访是指个体图书馆根据自身的目标、任务、读者需求和经费状况，进行采访信息搜集、文献选择、文献查重、文献订购、文献验收等操作。

2. 合作采访

合作采访又称为协调采购、联合采购，是指某区域内的图书馆通过统筹规划，就各馆收藏范围及收藏重点进行协商，建立地区文献联合采购体系及文献资源保障体系。

3. 集团采访

集团采访是指一定数量的图书馆在协调机制下统一与书商谈判，以获得购入文献的较优惠价格，适用于批量较大或金额较高的文献。

4. 采访业务外包

采访业务外包是指将采访业务中订购前的查重、订单核对以及提交采访数据等业务外包给供应商，而馆藏发展、选书、验收等工作作为核心业务仍然由图书馆控制。

（二）按照经费使用权限划分

1. 政府采购方式

图书馆使用财政性资金采购政府采购目录以内的或者采购限额标准以上的文献，应采取政府采购方式，并针对不同的采购环境和采购对象，合理选择公开招标、邀请招标、竞争性谈判、单一来源采购、询价等政府采购监督管理部门认定的政府采购方式。对包括采购方案、采购方式和标准化作业在内的整个采购过程，应该从制度上加强规范和评估，发现问题及时调整。

2. 图书馆自主采访方式

由于文献资源出版数量庞大，政府采购中标的供应商未必能满足图书馆所有的文献需求，图书馆可以向主管政府采购的上级部门申请保留部分年度下拨经费用于自主采访，以此缓解招标采购灵活性不足的问题，同时推进馆藏建设，尤其是特色馆藏建设。

需要注意的是，采用这种采访方式一定要严格执行备案制度，按规范程序开展，以备审查。

（三）按照采访工作方式划分

1. 购买方式

（1）期货文献订购。指从文献征订目录中选择文献，获取并填制订单后向经销商发送，再由经销商按订单供应文献的方式，适用于经费充裕、采购文献品种多、数量大、长期订购的情况。

（2）现货文献选购。指采访人员到出版发行部门或书店等地挑选购买的方式，适用于采购急需文献或有专家或读者参与现场选购的情况。其中，竞拍属于现货文献选购的一种特殊形式，即通过参加拍卖会获得所需文献，适用于对古籍、手稿、善本、字画真迹等的购买与收藏。

（3）报刊预订。指通过经销商按年度提供的报刊征订目录或征订单进行订购，可分为续订、停订和新订。其中，续订即对前一年度期刊订购目录的订刊号、刊名、出版频率和价格等信息逐一核对后确认继续订购期刊的工作行为；停订即标注不再续订某种期刊；新订即将经过询价及选择的新刊清单发给经销商的工作行为。

（4）邮购。适用于向外地新华书店邮购部、出版社发行部门，以及其他学术机构、团体等组织采购零散出版物或非正式出版物，以及补配没有预订或不易现购的文献。

（5）网上采购。即通过互联网来完成文献采购的过程：登录网上书店网站，查找相关书目，选定文献后提交订单购买。

2. 非购买方式

（1）交换。指图书馆之间或图书馆与其他文献收藏单位之间相互交换文献，以便互通有无、调剂余缺、丰富馆藏。

（2）调拨。指在上级主管部门的组织下或按照一定的协调机制，有计划地将部分馆藏文献调拨给需要的图书馆。常见的情况有：撤销单位移交、馆际支援、调剂复本量过大的文献或呆滞文献。

（3）征集。指通过发函、专人登门访求、向社会发布广告或启事等方式，有针对性地从机构或个人那里获得珍贵文献。

（4）接受捐赠。指图书馆接受个人、单位或社会团体等所赠文献。

（5）租借。指支付短期使用费而获得文献短期使用权的文献采集方式，适用于不出卖的或无力购买而又急需的文献。

（6）复制。主要有复印、照相、录音、录像、扫描等形式，但必须注意知识产权问题。

（7）自行制作。主要是利用录音、录像和计算机等技术和设备，同样也需要注意知识产权问题。

四、合理有效的文献采访对策

为了高效率、高质量地开展文献资源建设工作，必须在文献资源来源信息和需求信息、采访工作参与度、采访审批程序、采访工作规范、文献购置经费使用效益评估等方面采取合理有效的文献采访对策。

（一）充分掌握文献资料来源信息和需求信息

1. 多渠道了解文献出版发行和书商信息

文献出版发行和书商信息的收集是文献采选工作中的重要环节，工作内容包括出版发行和书商信息的收集，以及对收集到的各种不同的出版发行和书商信息进行汇集整理。

国内中文出版物主要发行信息的类型包括邮发书目、书店书目和出版社书目，还有专题性书目、回溯性书目、参考性书目、报刊书评、网络书目信息和其他信息等。国外出版物的书目信息主要有发行商书目、出版社书目、书评报道、在版书目、网上信息、国际交换目录等。

文献采访人员可以采用订购、免费获赠、展会收集等各种方法，应用网络搜索引擎、专业网站、数据库等现代化手段积极收集国内外的文献发行信息，以保证书目收集的完备性和准确性。还要加强对书商的信息收集和沟通，对于书商的综合能力和服务能力，书商的经营理念、规模、服务水平、技术能力等要有清醒的认识和全面的了解。对收集到的文献出版发行和书商信息要加强综合评价，主要评价内容包括：书目信息是否完备准确、是否及时、评价内容是否恰当、到货率和到货速度等。

2. 加强信息沟通与反馈，了解读者需求

对读者需求信息的收集可以为馆藏文献资源建设提供准确的参考数据，进而提高文献

采选的质量。其工作内容主要包括：①制订调查方案，确定调查的目的、规模、范围和方法，提出时间进度和报告分析要求。②安排部门及人员，并分配调查方案和实施细则确定的各项工作。③定期检查工作进度，对工作中出现的问题加强沟通和反馈。④汇集调查数据，分析统计结果，完成读者调查报告，并提出改进的方法和措施。

（二）提高文献资源采访工作参与度

1. 发动馆内相关部门人员协助采访工作

文献资源采访要以满足读者的需求为前提，因此，要发动图书馆所有开放窗口和部门，如书刊借阅部、信息服务部等工作人员，给文献采访人员反馈来自各方读者的文献需求和意见，并可对采访人员提供的采购价格昂贵的文献资源进行评议审定，以提高文献采访工作效率和工作质量。

2. 发动社会各界参与图书采选

可通过设立图书订购信息推荐处、召开读者座谈会、个别走访、随机询问等获得大量第一手资料，然后由采访人员统一收集、整理读者建议和反馈意见，以增强选书的针对性，满足广大读者一般生活、休闲、学习与工作的文献需求。也可以建立"专家推荐机制"，通过向本地支柱行业的学科带头人提供文献信息服务，邀请专家为图书馆挑选优秀文献，同时利用专家推荐书目引导读者阅读，以提高图书馆为高层次人才服务的力度和深度。

（三）建立完善的文献资源采访审批程序

为了规范文献资源的采访工作，加强文献资源采购经费的监督管理，提高文献资源采购决策的制度化、科学化水平以及资金的使用效益，促进廉政建设，图书馆应根据国家有关招投标管理办法，在总结多年来文献资源采访工作经验的基础上，制定适合图书馆实际的文献资源采访审批原则与程序。

文献资源采访要以满足图书馆任务、读者对象和未来发展对文献的需求为原则，要兼顾不同的读者群体对文献的需求，注重馆藏文献的连续性、完整性和适用性，突出图书馆的藏书特色，并根据读者的阅读习惯和文献的特点选择不同载体的文献，认真收集用户的意见和建议，实行责任审批制度。对单件（套）价格昂贵的文献资料要实行分级审批；对采访部门主任、分管文献资源建设的副馆长、馆长分别赋予不同审批权限；考虑到中文和外文文献的单价实际水平有较大差异，在执行过程中可以适当调高外文文献的审批权限。按照国家对大额资金支出的要求，涉及资金额度较高的文献购置，应实行专家咨询基础上的领导集体决策。

(四) 建立完善、规范的文献资源采访工作程序

文献资源采访工作规范主要是加强图书馆文献采访工作管理，规范文献采访工作操作，提高文献采访质量。主要内容包括如下方面：

第一，严格执行文献采购原则和标准，认真履行文献采购审批程序，加强文献购置经费的管理，合理使用文献购置经费，避免漏订或重购，确保图书馆文献资源建设工作做到"有规划、有计划、有预算"。

第二，掌握图书馆重点藏书的现状与趋势，了解国内外文献信息资源出版发行机构性质特点和资源特色，完备收集国内外出版发行信息，并加以整理、分析、建档和建库。充分熟悉图书馆馆藏，了解各学科、各类型文献资源收藏情况，对当前畅销图书、获奖图书、各学科经典著作和重要学术论著的收藏状况做到"家底清，情况明"。

第三，要在图书馆内各开放部门建立起有效的资源需求及资源利用信息反馈渠道，经常到读者部门听取和收集一线工作人员对藏书补充的建议，及时了解读者对文献信息资源购置和补充的意见与建议，并做好读者调研和查访记录，建立信息档案。积极开发完善读者荐购平台，及时发布书目文献信息，公开订购和入藏信息，在图书馆文献信息资源建设工作中，切实赋予读者知情权、建议权、参与权、决策权和决定权。

第四，定期组织进行采选工作检查。其中，采选工序环节检查，应包括审核选书质量和数量，抽查图书发订、验收、登记、移交等环节的工作数量和质量情况，对误采率、加工时限、书商的配书情况、业务统计、购书经费使用等方面进行专项检查；文献采购管理检查，应包括有关政府采购的法律、行政法规和规章制度的执行情况，采购范围、采购方式和采购程序的执行情况，以及图书馆有关文献采购经费管理制度的执行情况。

第五，发现问题要及时改正，并撰写检查报告提交有关领导和部门。

(五) 加强文献购置经费使用效益评估

文献经费的多少决定着基层公共图书馆馆藏发展的规模、馆藏结构、资源类型和满足读者需求的程度，因此必须加强文献经费的管理，合理使用文献购置经费，有计划、有针对性地购买文献，满足不同层次读者的文献需求。

图书馆应组织专门人员（一般由主管馆长、文献资源建设部或采编部主任、财务主管、采访人员组成）制订年度文献购置经费使用计划，在制订经费使用计划时，应坚持重点优先、合理分布、互为补充、需求满足的原则。凡是与图书馆重点馆藏一致的文献资源要首先得到保障，地方建设发展和读者需求大的文献资源优先考虑，并保持文献经费在图书馆各学科门类之间的均衡，实现纸本资源与电子资源的互补，及时补充高利用率资源，

切实加大文献购置经费使用的力度和广度。

文献购置经费使用是否合理可以通过使用效益评估进行分析确定，进而了解不同类型文献的经费投入与利用现状，及时调整资金的流向。在评价文献购置经费效益时，一方面，要考虑重点馆藏的完备程度，因为这是一馆的特色所在，也是馆际协作和资源共享的重要文献源；另一方面，要通过合理调整各类文献购置经费的比例优化文献结构，在有限的经费、馆舍和人力等条件下把满足率控制在适当范围内。

五、文献资源采访理念的创新与实践

为了提高文献利用率，近年来国内图书馆开始改变过去的"小而全、大而全"的做法，积极采访读者喜欢、利用率高的书刊，文献资源建设工作越来越重视读者的参与度。越来越多的图书馆开始进行读者参与图书馆采访模式的创新。例如，召开读者座谈会，了解读者阅读需求；拓宽沟通渠道，在网上开辟"读者之窗"和"新书荐购"专栏，让读者以荐书表、网上荐书等方式推荐图书；在流通部门放置新书采购意见箱和张贴新书书目等，让读者选择自己想看的书刊；利用 E-mail 等方式随时与读者进行交流，等等。

总体来说，这些采访模式均体现了基于读者需求的采访理念，即在文献资源采访工作中坚持以人为本，以满足读者需求为主导和驱动。其意义在于增强采访工作的科学性和有效性，有利于全面系统地优化馆藏结构，缓解文献采购数量的有限性与读者日益增长的信息需求之间的矛盾，以及采访工作者知识结构的单一性与文献内容的复杂性之间的矛盾，从而提高文献利用率和读者服务满意度。

基于读者需求的采访理念在实践应用中形式灵活，较为典型的应用方式有读者荐购、读者决策采购和读者自主采购，其读者参与程度依次由浅入深。

（一）读者荐购

读者荐购是指读者可以通过征订目录来浏览推荐书刊，也可以在征订库中检索所需书刊并选择，还可以自己输入书刊信息以推荐自认为有价值的图书，采访人员在书目截止期限内，汇总收回的书目及电子荐购文档中的相应信息，并依此形成最终的选书策略。

（二）读者决策采购

即首先由图书馆与书商确定符合藏书发展政策的预设文档，然后书商提供符合预设文档要求的机读书目记录，图书馆把机读书目记录导入图书馆自动化系统，读者通过联机公共目录查询系统查到书目记录后，或者点击链接直接阅读电子书，或者要求提供印刷本，由图书馆统一付费购买。

(三) 读者自主采购

这是一种由图书馆与书商合作提供的借阅服务。图书馆为书商提供场地和销售平台，书商凭借自身规模和资金力量为图书馆提供突破图书馆购书经费限制的可借阅图书，读者可以就室阅览，也可以外借或购买新书，其中读者外借图书视为图书馆采购，读者购买图书按图书馆与书商协议享受折扣优惠。读者自主采购是对基于读者需求采访理念的深度实践，它颠覆了对读者需求先审查后满足的传统服务理念，主动把图书采购的终审权还予读者，使读者参与图书馆采购的方式更简便、更深入、更透彻，既尊重和满足读者需求，又体现了图书馆服务大众的公共定位，能更广泛地吸引公众关注图书馆建设和利用图书馆资源，使图书馆最大限度地发挥文化传播和引导的价值。

第二节 公共图书馆特色馆藏文献资源建设

特色馆藏是指图书馆收藏的，具有特定学科（或主题）、地域、历史、政治、文化背景的，或者关于某一语种、某一类型或人物的具有一定规模的成系列的文献，是一个图书馆区别于其他图书馆的馆藏特色所在。特色馆藏在图书馆文献资源建设中占有重要地位，它也是图书馆开展特色服务、满足读者更高需求的必要条件。

一、特色馆藏资源建设的意义与作用

图书馆的特色馆藏文献体现了图书馆不同于其他图书馆的特色和价值，是图书馆在合作与竞争并存的信息时代更好地生存与发展的重要保障。

（一）有利于提高经费使用效益

当今时代，知识更新速度不断加快，文献出版物增长迅猛，图书馆购书经费有限，在面对文献量剧增、文献类型庞杂、书刊价格上涨这些状况时，图书馆根据自身的实际情况，突出重点，以有限的资金建设具有特色的馆藏，对提高图书馆经费使用效益，形成特色优势，具有积极的意义。

（二）促进资源共享

社会信息化、信息社会化使社会对文献信息资源的需求日益增长，任何图书馆都无法靠一己之力全方位地满足读者对文献信息的需求，文献资源共享已成为图书馆事业发展的

必然趋势。现代信息技术为文献资源共享提供了技术条件，但传统观念下的图书馆，追求"大而全""小而全"的馆藏体系，造成了各图书馆在文献资源建设中的重复和遗漏，降低了整体文献馆藏的完备程度和知识含量，文献资源共享的社会效益和经济效益无法显现。因此，图书馆只有形成各自具有特色的馆藏体系，使文献资源布局逐步趋于合理，从整体上提高文献资源保障的水平，由此而建立起来的文献资源系统才有可能从广度和深度上满足读者的各种需求，文献资源共享才会由理想变成现实。对一个图书馆而言，收藏的文献是否有特色，是决定这个馆在文献资源共享系统中价值和地位的依据。对于文献资源共享系统而言，各子系统的馆藏独具特色，互补合作，是系统功能最优的重要基础。

（三）提高图书馆在本地经济文化建设中的地位与作用

图书馆根据本地社会发展、经济文化建设、科研活动等需要，建设特色馆藏资源，可以更好地利用自身资源优势，为地方经济文化建设提供智力支持，不断提高服务的深度和广度，从而使自身在社会发展中的地位与作用不断提升。

二、地方特色馆藏文献

（一）地方文献

1. 地方文献的概念

地方文献是反映特定区域内自然环境与社会环境沿革、发展和现状的历史资料和现实资料的总和。它是记载一定区域内自然、社会和人群存在、发展变化及影响的特定文献，具有很强的使用价值和保存价值，并具有"一地之百科"的丰富内涵和"原汁原味"不可替代的独有特色；同时还具有"资政、励志、存史"的重要价值。地方文献是图书馆特色馆藏建设的一个重点和亮点。

对于地方文献的范围，存在两种不同的理解：一种是广义的理解，即将地方文献理解为与本地区相关的一切资料，包括史料、人物、出版三个部分；另一种是狭义的理解，专指内容上具有地方特点的出版物，而地方人士著作和地方出版物，在内容上无地方特色的，则不作为地方文献处理。大多数图书馆在从事地方文献的收集与保存时都采用狭义的理解。

地方文献的类型，过去主要以纸质文献为主，载体包括书、报、刊，除此之外，对于"片纸只字"，只要有文献价值的都应该列入收藏的范围，如照片、地图、邮票、钞票、火花、传单、广告、海报等。尽管其数量不多，但作为正规文献的补充，起到了很好的作用。由于历史的积淀，这其中相当部分不只具有文献价值，同时具有文物价值。随着网络的普及和地方性网页内容的不断丰富，数字化地方文献也越来越受到图书馆的重视。

2. 地方文献的收集

地方文献的收集，是地方文献开发利用的基础和前提。随着信息技术的广泛运用，地方文献的内容、数量、形式、载体都发生了很大的变化，各种新型载体文献大量出现。图书馆应通过多种途径收集各类地方文献，丰富地方文献馆藏。

第一，建立呈缴样本制度，利用政府行为保证地方文献采集的完整性和系统性。这种呈缴样本制度，不应局限于地方出版社的出版物，也应包括各级政府和企事业单位、科研学术部门编撰的图书、期刊、报纸、资料等（对有密级的资料，应进行技术性处理，确保机密）。

第二，构建地方文献采集协作网络。征集地方文献的工作量大、涉及面广、出版单位多，特别是地方文献中很大一部分是非正式出版物，印刷数量少，多数为一次性刊印版，基本上是在本地区或本行业范围内散发，发行途径不畅，获取的难度大。因此，公共图书馆可以通过新闻出版管理部门了解内部图书、期刊、报纸的出版情况，主动与本地区内的地方史志办、党史办、科委、政协文史委、学术团体、研究机构、教育行政部门、大中专学校、大中型企业等单位和部门加强协作，密切联系，建立长期、固定的联系合作网络，构建地方文献采集网络。同时，建立地方文献信息专家联络系统，将地方名流、专业作家以及相关企事业单位组织在一起，疏通信息采集通道，构建和完善信息采集系统，迅速、全面地采集地方文献资源。

第三，加强馆际协作，促进地方文献的交流。各图书馆要与本地区其他图书馆建立协作关系，双方互通信息，主动索取或赠送，以共同充实馆藏。另外，还要与档案馆、博物馆、文化馆等单位积极沟通合作，通过协商进行大体分工，同时编制馆际联合目录，谋求较大范围内的地方文献资源共享。

第四，扩大宣传渠道，营造地方文献征集社会氛围。图书馆可通过报纸、广播、电视等媒体或利用馆内广告牌、网站等途径，发布征集各类地方文献的消息，号召社会各界及广大读者积极参与向图书馆捐赠地方文献的活动，使社会各界广泛了解地方文献工作的重要性和意义，扩大影响，营造广泛关注地方文献征集的社会氛围，形成人人重视征集工作的规模效应，吸引更多的人捐赠和利用。

第五，举办展览征集地方文献，丰富馆藏。图书馆可以举办各类丰富多彩的地方特色展览，如地方文献征集成果展览、地方名人书画创作展、地方非物质文化遗产展、地方风貌、建设成果、历史文物遗产展，城市新貌摄影展，个人著作及手稿展，专题图片资料展，遗迹展，或举办各种比赛活动及纪念历史事件和历史人物展览等，以展览检阅征集工作的成果，同时又动员和鼓励更多的各界人士向图书馆捐赠图书，扩大图书馆收藏工作的影响，促进征集工作的深入开展。

第六，广开渠道，保障经费。在文献采购经费使用上，图书馆在保障综合性文献资源收藏的基础上，应凸显对馆藏特色文献资源的收藏；积极利用地方文献开展服务活动，创造社会效益和经济效益，用部分所得支持馆藏建设；拓展国内外交流渠道，多方联系国内外的团体和个人，争取捐赠或援助。

在收集原则上，要确保重点，涉及一般。建立具有特色的地方文献资料库，其重点应放在与地方经济、政治、历史、文献有关的学科上。

3. 地方文献保存、整理和开发

凡是本馆已入藏的地方文献应设立专藏，基层图书馆可设专柜、专架，有条件的图书馆可以设立专室，以收藏和展示。

收集来的地方文献，必须进行分类编目的整理工作，编制地方文献目录，才能便于读者查阅和研究参考。可按文献的内容、性质、形式编成不同用途的目录，如按地方文献著述形式可分为地方志书目、家谱书目、地图书目、论著书目、年谱书目、资料汇编目录；按地方文献出版形式可分为图书目录、报刊目录、图片目录等；按地方文献内容可分为地方文献综合目录、地方文献专题目录；按地方文献揭示程度可分为地方文献简目、地方文献考录。

要组织力量积极整理地方文献，确立有价值的主题进行二次文献开发，便于读者利用，通过社会的广泛利用来以用代征，以用促征。同时，要培养一支收集、整理、加工、研究、开发地方文献资源的专业技术队伍。地方文献的研究、收集、加工和开发，需要一支高素质的专业队伍。由专人负责地方文献的收集工作，此外，工作人员要有一定的研究开发能力，有敏锐的信息意识和地方文献捕捉能力，具有较强的综合分析能力和文献鉴别能力，能够维系公共关系，拓展用户群体，并能掌握基本的计算机信息处理技术。

随着信息网络时代的发展，馆藏地方文献数字化工作成为地方文献工作的必然发展趋势。通过数字化将传统媒体的地方文献转换成数字文献，并通过网络提供给读者使用，不仅可以借助其检索快捷，使用方便，不受时间、空间局限的优势，充分满足广大读者的需求，最大限度地发挥地方文献的使用价值，真正实现地方文献资源的共建共享，而且对有效地保护珍贵的地方文献资源，减少文献的破损、遗失等现象也有积极的意义。

（二）非物质文化遗产

信息资源除文献信息外，还有载体信息，它是以人类大脑为载体并借助口耳相传的信息知识。按照其表达方式，可分为口语信息和体语信息。口语信息是人类以口头语言表述出来，但未被记录下来的信息资源，如谈话、讲演等；体语信息是以人的体态表述出来的信息资源，如舞蹈、手势等。载体信息多属于经验性，未被组织和符号化的知识信息。

传统上，图书馆只偏重保存记录人类知识的文字产品，而对于非文字的文化传统、田野中的活态知识等非物质文化遗产没有给予重视。作为传播信息和发展文化的主要社会机构，图书馆应该积极关注和参与本地区非物质文化遗产的保护与传播，并将其明确纳入自己的职能范围之内。

1. 保护非物质文化遗产是现代图书馆的重要职能

根据联合国教科文组织2003年10月17日通过的《保护非物质文化遗产公约》中的定义，"非物质文化遗产"指被各群体、团体，有时为个人视为其文化遗产的各种实践、表演、表现形式、知识体系和技能及其有关的工具、实物、工艺品和文化场所。包括：口头传统和表现形式，即作为非物质文化遗产媒介的语言；表演艺术；社会实践、仪式、节庆活动；有关自然界和宇宙的知识和实践；传统手工艺。

2005年，《国务院办公厅关于加强我国非物质文化遗产保护工作的意见》中明确指出，图书馆在非物质文化遗产保存、保护、宣传、弘扬等方面，应参与其中并发挥重要作用。事实上，在联合国教科文组织《公共图书馆宣言（1994）》所赋予的公共图书馆的若干主要使命中，以下内容与非物质文化遗产的保护也具有密切联系：提高对文化遗产的认识，促进对艺术鉴赏、科学成就和创新的了解；提供各种表演艺术的文化表现途径，促进不同文化之间的对话和文化多样性的发展，支持口头传统文化。

非物质文化遗产作为一种社会记忆，是知识的一种类型，是人类知识文化的一个重要组成部分。随着图书馆功能的分化与增加，在现代科学技术的支持下，在创新理念的实践中，图书馆将通过对这些活态文化的采集、保存、整理、交流、传播，扩大自身功能的空间。就现代图书馆而言，参与非物质文化遗产保护、抢救各种非文献化知识信息必须与图书馆传统的文献知识融合在一起，将保存知识记忆、进行文化传播、开展社会教育、开发智力、文化娱乐等有机融合，相互补充。"图书馆对非物质文化遗产文献信息化的汇集保存，将使非物质文化遗产知识与传统的文献知识互为补充，相得益彰。"

2. 开展非物质文化遗产相关文献资料的收集

非物质文化遗产的相关资料具有零散性、多样性等特点，图书馆可采取多种方式加以收集和保存。

（1）横向收集。走访相关文化部门、民间团体及个人，征集有关非物质文化遗产项目的图片、文字、音频和视频资料。

（2）纵向共享。图书馆系统内开展馆际互借和馆际协作，实现各馆资源共享。

（3）自采自建。利用现代技术手段，深入民间进行调查采访，对文化遗产进行图、文、声、像相结合的立体式记录，以笔录、摄影、录音、录像等手段真实记录现场，并将其转化为数字化文档进行永久保存。

佛山自古以来是一个工商业发达、人文历史悠久的岭南古镇，随着社会的发展，在佛山古城日新月异变化的同时，一些传统文化和历史遗迹也正以同样的速度迅速流失，渐渐淡出人们的视野。为保护佛山传统文化，更好地宣传佛山历史文化，2008年佛山市图书馆牵头组织开展了《佛山记忆——佛山乡土文化系列纪录片》项目拍摄工作。该片以口述的方式，用现代影像技术对当事人的亲身讲述进行记录，以此来反映一个传统行业、一种民间艺术、一个社会群落的历史及发展，进而反映时代的面貌。"佛山记忆"乡土系列片目前内容设计主要分13个系列，包括：陶艺大师系列、村落故事系列、街道故事系列、语言系列、民间艺术系列、民间工艺系列、品牌故事系列、建筑物故事系列、名流系列、行业系列、民间习俗系列、民间特色用品系列、佛山功夫系列。从项目启动至今共完成120集。目前该专题片已作为专栏节目，在当地电视台陆续播出，社会反响良好。

三、学科专业特色馆藏

学科专业特色是指图书馆馆藏中某类学科或某些专业文献比较系统完整，能基本满足该学科或专业研究的需要。

建立学科专业特色馆藏，图书馆应根据当地的产业特点、信息来源的多少、服务对象的需求以及经费状况等条件，确定专业主题，调整文献结构，使重点学科和优势专业的文献资源形成一定规模，并具有系统性、独特性，形成有特色的文献资源体系。

构建特色专业馆藏，应有专人进行采访、收集，通过各种信息渠道，广泛进行特色学科文献资源的汇总和收藏。

第一，与专业出版社合作，对重点收藏的某学科或专业出版物进行筛选、征订。

第二，到相关学科或专业的研究机构收集或交换内部文献资料和出版物、专业发展的实物等。这部分文献很多都反映学科科研的前端信息，是学科特色资源的一部分，通过正规发行渠道很难获得，应积极主动上门联系征集。

第三，与企业、公司建立长期合作关系，联络收集和交换相关文献资料和出版物。

四、非文献特色馆藏

在新信息环境下，随着图书馆服务和收藏功能的拓展，图书馆的收藏范围在不断地扩展，特色馆藏的内涵和外延也在逐步发生变化，很多图书馆不仅仅收藏一次文献、二次文献、三次文献，而且开始注重对实物的收藏，突破了只收集文献的这一基本准则的局限，突出地方特色，彰显特色服务，在图书馆界产生了一定的影响。例如，有些图书馆为了配合地方历史研究，收集玉石、古钱币甚至当地的碑帖、牌匾、书画作品等，且形成了一定的规模，对研究当地的历史沿革、地方志等起到一定的积极作用，产生了较大的影响，在图书馆界也产生了不同的反响。虽然对此举的说法不一，但代表了近段时期我国一些图书馆在特色馆藏建设过程中捕捉到的闪光点，并有不断扩大、竞相模仿的趋势。

实物资源与文字资源的有机整合是多方位建设特色馆藏资源体系，丰富地方人、事、物的立体形象和生命力的重要内容和方式。许多地方历史悠久，物产丰富，人文荟萃，留下的实物资源不少，如古建筑、石刻、匾额、历史照片等特种资料。在对实物资源的采集中，应引起我们充分注意的还包括因城镇建设即将被改变的有明显地方特色的具有历史文化价值的建筑群落和生活群落的照片、录影等。

五、其他特种文献资源建设

（一）古籍

所谓古籍，主要指书写或印刷于 1911 年以前，具有中国古典装帧形式的书籍。图书馆中收藏的古籍都会被作为珍品特藏的镇馆之宝。

古籍基本上可以分为两大部分：一部分是古籍特藏，即 1911 年以前抄写或印刷的文献，这一部分是特藏的主体。除了抄本外，古籍的印刷形式主要有三种：雕版印刷、活字印刷和套版印刷。常见版式包括：卷轴装、经折装、包背装、蝴蝶装和线装等。另一部分则是古籍的复制本，包括铅印、影印和石印等多种类型。

古籍特藏文献的主要收集方式为国家调拨、无偿捐赠、购买和交换，其中购买分为私人出售、书店选购和拍卖会竞买三种形式。近年来古籍的收集以捐赠和购买较为常见。

古籍特藏是图书馆各类文献中最为珍贵和重要的文献，收藏有古籍的图书馆必须具备良好的保存条件和严格的保护措施。古籍保护一般分为原本保护和再生保护两个方面：前者主要是对古籍原本进行妥善保存和修复；后者是对古籍进行影印或整理，对古籍的形式和内容进行转移保存和再揭示，通过开展出版、缩微和数字化等工作，使古籍化身千百，永久传承。

（二）政府信息资源

政府信息资源是指一切产生于政府内部或虽然产生于政府外部但对政府活动有影响的信息。从这个定义可以看出，政府信息资源包含两方面的内容：一是指政府行政机构在行使公共权力、管理国家事务及社会公共事务的过程中产生的信息资源；二是指虽然产生于政府外部，但却处于政府部门最关心的目标范围内，具有某种广泛性意义和参考价值、对全局有一定影响的倾向性信息资源，例如经济活动信息、科技成果信息等信息资源。

政府出版物寄存制度为公共图书馆政府信息资源的收集与积累提供了有效的途径与制度基础。《政府信息公开条例》已经给出了建立寄存图书馆制度的雏形：一方面，要求政府部门在各地区指定相应的图书馆收藏政府出版物，这些出版物包括以往的政府出版物和现有的出版物（含印刷型、缩微型和电子型），从而为公共图书馆提供政府信息服务提供资源保障；另一方面，要求图书馆建立政府信息出版物特色资源库与专门阅览室，负责收藏政府公报、统计调查等政府出版物，并提供图书、期刊、报纸、视听资料、多媒体等文献为政府和公众服务。

公共图书馆应发挥自身专业优势对政府信息进行科学组织、加工、整合，根据当地的实际情况，形成当地政府信息公开的分类体系；对政府信息作出深度标引，设计多途径、多角度的索引方式，形成方便检索的政府信息检索平台或数据库。还可以不定期地就某些重要问题、热点问题，整合或编纂专题性的政府信息汇编，或形成累积性的专题资料数据库。此外，图书馆还应积极参与政府信息公开目录、指南、索引、摘要的编制工作，有条件的图书馆还应该利用自身特长通过分类、汇编、知识挖掘等各种技术与方法对政府信息及其他相关信息资源进行有效的整合，开展知识创新服务。

（三）工具书

工具书是按一定排检次序把有关知识、资料或事实加以汇编，专供检索查考的书籍。因一般不以系统阅读为目的，而是作为在需要时查考和检索知识使用的辅助工具，故称工具书。

工具书从内容和功用上大致可分为三类：①检索型工具书，包括书目、索引、文摘。②辞书型工具书，包括字典和词（辞）典。③参考资料型工具书，包括百科全书、类书、政书、年鉴、手册、名录、表谱、图录，以及其他参考性资料。

在工具书的馆藏建设上，除了贯彻求新、求精、求全、求特的采购原则外，在订购及典藏方面，还要注重以下几点工作：①字典、词（辞）典等辞书类工具书及时更新，保持连续性与完整性。这类工具书的特点是更新快，因此要及时更新版本。②综合性与专科性相互补充。工具书按其内容性质可区分为综合性工具书和专门工具书。综合性工具书需求人数多，读者对象广，是图书馆不可或缺的馆藏；而具有专科性质的专门工具书则可以根据本地具体需求情况有选择地采购。③特殊工具书与相应馆藏配套典藏，方便使用。主要是一些与古籍关系密切的工具书，如《中国丛书综录》《中国古籍版刻辞典》《中国古籍善本书目》等，可入藏古籍阅览室，以利读者使用。

（四）标准文献

国际标准化组织将标准定义为：为在一定范围内获得最佳秩序，对活动或其结果规定共同的和重复使用的规则、导则或特性的文件，该文件经协商一致制定并经一个公认的机构批准。标准种类繁多，按制定和发布机构的级别及适用范围可划分为国际标准、区域标准、国家标准、行业标准、地方标准及企业标准；按标准的内容性质可划分为技术标准、管理标准和工作标准。所有标准都可根据其约束效力分为强制性标准和推荐性标准。

图书馆馆藏标准包括印刷型标准文献资料、标准数据库、网上免费标准查询网站，例如《国家标准全文数据库》《中国标准数据库》《中国行业标准全文数据库》《国外标准数据库》、万方数据服务平台的《中外标准数据库》、中国标准服务网、国家标准化管理委员会网站、中国环境标准网、中国标准化研究院网站、国家科技图书文献中心《国外标准库》、国际标准化组织（ISO）世界标准服务网（WSSN）等。

公共图书馆在收集各类标准文献过程中，应结合本地区工农业生产的重点，有选择地收藏行业标准，开展标准文献特色信息服务，在促进标准信息公共传播上发挥积极作用。

（五）专利文献

专利文献是实行专利制度的国家及国际性专利组织在审批专利过程中产生的官方文件及其出版物的总称。早期专利文献称专利证书或发明专利证书，它是授予发明人独占的法律文件。专利说明书，即对发明的描述，包括对要求获得独占权的描述，在当时仅仅作为该法律文件中的一部分。现代专利文献，根据其不同功能，分为三大类型：一次专利文献、二次专利文献和专利分类资料。作为信息资源的重要组成部分，专利文献已成为推动科技、经济、文化和社会发展的重要杠杆，且被越来越多的有识之士认识和运用。

专利文献除纸质型文献外，还有缩微胶卷、平片和光盘等多种载体形式，随着网络技术的不断发展，现在部分专利文献可以通过网络传输下载获得。

图书馆可以结合本地相关部门的重点攻关课题或企业的科研项目，在充分了解读者需求的基础上，有目的地收集相关专利文献信息资源，并将分散的关于某一课题的专利信息文献最大限度地集中起来，加以归纳整理后，编制成专题目录或专题索引、综述或专题报告，及时提供给单位和科研人员利用，真正做到提供高层次的专利文献服务。

（六）馆史资料

馆史资料是记录和反映一个图书馆自身建设和发展历程的史实资料，包括文字资料、图片资料和各类实物资料。

公共图书馆是我国文化事业的重要组成部分，是社会政治、经济和科技进步的重要标志和积极促进者，每个图书馆对自身在建馆、立馆过程中留下的珍贵资料都应好好收集和保存。

图书馆馆史资料的收集工作，一方面，必须依据原始档案资料，全面、精练、系统地汇聚史料，为日后的馆史编纂工作提供可靠、翔实、丰富的史料；另一方面，还要加强口述历史的收集与考证。史料收集人员应以本馆档案资料为重点，依据档案目录调出相关主题卷宗，从中查找所需史料，同时还应浏览相关的书刊资料，以扩大图书馆馆史资料的收集途径。收集的史料必须坚持资料真实准确，做到有史可鉴，有据可依，以免以误传误，贻误后人。

对于收集的馆史资料可按相关主题类别加以整理编辑。图书馆利用馆史资料编史修志、举办馆史展览，对记录和反映图书馆发展历史，加强馆员爱馆教育和精神激励，增进社会公众深入了解图书馆具有重要意义。

（七）珍贵馆藏

包括名人字画、受赠名家藏书、珍贵纪念品、受赠礼品及其他馆藏贵重物品。

图书馆应建立珍贵馆藏档案和目录，并设专库或专柜保管，做好防潮、防水、防蛀、防腐、防尘、防震、防污染、防紫外线等技术预防工作，安装防盗报警设备。为加强珍贵馆藏的管理，确保安全，应建立相关管理制度。

第三节 公共图书馆馆藏文献资源建设的评价

馆藏文献资源的评价是图书馆有系统、有组织地评价某一特定时间内图书馆的文献资源及其效益，即依据一定的标准对馆藏的数量和质量进行计算、分析与判断。

图书馆通过定期和持续地开展馆藏文献资源评价，可以了解馆藏文献资源的建设情况，包括馆藏的数量、范围、深度、可支持服务需求程度等信息，对馆藏发展是否符合图书馆的方针任务，是否能满足读者对文献信息的需求，是否能支持本地经济文化建设的发展作出判断和评价，为制定或调整馆藏发展政策，改进文献采访工作，开展馆藏补充、复选、更新等工作提供参考依据。馆藏文献资源评价是图书馆文献资源建设工作的重要内容，也是图书馆管理的重要方法之一。

一、馆藏文献资源评价的原则

一是科学性原则。这是进行馆藏文献资源评价应遵循的根本原则。科学性原则要求各项评价指标都要有明确的含义和目标导向，要能反映馆藏资源的主要因素和内在联系。

二是系统性原则。在指标的设置上要综合考虑评价对象、评价目标及各指标本身的特征，全面且有重点地反映各因素之间的关系，尽量避免指标的重复性，使整个评价目标和评价体系成为一个有机的整体。

三是实际性原则。根据图书馆的实际情况进行馆藏评价。评价对象可以是馆藏的一部分，也可以是全部馆藏。评价所选取的时间也是根据情况变化的，可以按年度进行，或者针对某一时段内的馆藏进行评价。

四是可操作性原则。馆藏评价指标应遵循定性和定量相结合的原则来制定，其各项指标的收集及评定要具有较强的客观性和可操作性，尽量减少主观性指标，增加客观性指标。客观性指标应简便易行，控制评价指标的总数量。

五是目标导向性原则。进行馆藏文献资源评价不仅仅是为了评出这部分资源的优劣，更重要的是通过评价支持和影响图书馆的决策，使其更清楚地认识自身资源的各项情况，对图书馆的管理和决策有着正确的目标导向作用。

六是经济性原则。在选择馆藏评价方法时，应选择能够实现评价目标的省时、省力、省经费的方法，在评价规模和评价人员的确定方面也应尽可能遵循该原则。

七是制度化原则。图书馆必须经常地、有计划地开展馆藏评价，并建立相关的规章制度，保障馆藏评价工作的有序开展。进行全面系统的馆藏评价不仅需要较长的时间，更需要动用大量的人力、物力和财力，5—10年作为一个评价周期较为合适；而对馆藏的一个方面或一个部分的评价则应作为一项经常性的工作开展。

二、馆藏文献资源的评价指标

文献资源评价是对不同学科、不同文种、不同类型文献的采访、收藏、使用及物理状态等进行评价，包括馆藏数量和质量两个方面。

（一）馆藏数量的评价指标

馆藏数量是图书馆开展服务工作的物质基础，是衡量图书馆事业发展状况的主要标志之一。图书馆通过馆藏书目系统，进行馆藏总量和各类型文献量的统计，测算满足用户需求的程度。进行馆藏文献数量的评价，可以依据国家及地方相关部门颁布的有关文件标准，此外，图书馆所制定的规划与相关规定，以及在进行馆藏评价的过程中所积累的经验也可作为馆藏评价的计量标准。对馆藏文献数量的评价指标主要包括以下几方面：

1. 文献资源保障率

文献资源保障率，即每个读者平均占有的图书馆馆藏量。没有一定数量的文献资源，图书馆的服务无法开展，但馆藏量的增长与满足读者文献需求的能力并不成正比。如何根据自身的发展状况确定合理的馆藏量，是图书馆需要探索研究的。目前，文献保障率仍是评价馆藏数量的一个重要指标。

2. 读者满足率

读者满足率，即读者在实际使用中获得的文献数量与他实际需要的文献数量之比。馆藏文献资源建设的根本目的在于最大限度满足读者的文献需求。一方面，图书馆的文献资源品种齐全，数量上形成相当的规模，对读者的满足程度越高越好；另一方面，对于一个具体的图书馆而言，不可能也没必要完全满足所有读者的文献需求。根据我国图书馆的现状，一般认为满足率在75%～85%是比较理想的藏书规模，其余部分应当通过馆际互借、资源共享来解决。

3. 文献资源覆盖率

文献资源覆盖率，即馆藏文献中占本馆各学科领域文献的比例，它是图书馆收藏文献完备程度的重要标志。就全国文献资源整体系统来说，这种覆盖率应该越高越好。就图书馆自身而言，应根据自身需要和可能的条件，在某一学科领域达到一定的馆藏，才能形成一定的特色。

4. 馆藏文献增长量

对馆藏文献增长量的评价，即是评价增长的数量是否科学、合理。一般把年平均增长量作为馆藏文献增长量指标。馆藏文献增长量太低，造成馆藏文献贫乏，知识断层，读者利用文献受到限制；馆藏文献增长量过高，造成大量无用文献进入图书馆，文献利用率下降。

（二）馆藏质量评价指标

图书馆文献资源建设的好坏，主要是看其是否符合社会发展的需要，能否满足读者需要，即通过馆藏质量来判断。馆藏质量是衡量图书馆办馆水平高低的重要标准，而且直接影响着图书馆的服务工作。因此，馆藏文献质量评价是图书馆文献资源建设过程中的一个重要环节。馆藏质量的评价指标主要有以下几方面。

1. 文献资源的结构

文献资源的结构包括学科结构、类型结构、文种结构和时间结构。

（1）学科结构。学科结构是指各类学科专业文献的比例结构，它是馆藏结构中一个最基本的部分。根据需求层次，图书馆学科馆藏等级分为完整级、研究级、学习级、基本级和最低级五个级别，相对其他类型图书馆，公共图书馆在满足学科信息需求的能力方面相对偏低,大部分都处于学习级和基本级,甚至是最低级。因此,图书馆应结合本地经济文化发展和本馆读者实际需求结构,划分收藏级别和规定收藏目标,优化馆藏学科结构。

(2)类型结构。类型结构是指馆藏体系中各种不同出版形式、不同载体的文献结构状况,主要考虑图书期刊比例、纸质文献与数字文献比例。各图书馆可根据本馆经费情况、网络化和数字化的条件来构建类型结构比例。

(3)文种结构。文种结构是指馆藏中各语种文献的结构状况。图书馆对某一学科领域收藏文献涉及的文种越多,其完备程度也相对越强。但由于受到经费限制,更主要是受到读者在信息需求方面的制约,除民族地区公共图书馆的少数民族语言文献有一定的优势外,多数公共图书馆在非汉语文献方面很难形成优势。

(4)时间结构。时间结构是指按文献出版时间划分的层次结构。根据文献半衰期理论,文献价值随着时间的流逝而逐渐降低直至消失(特殊文献除外)。3—10年的文献其老化程度进入半衰期,11—20年的文献内容被视为陈旧,20年以上的文献内容(特殊文献除外)基本失去了利用的价值。图书馆应掌握各学科文献的半衰期,合理调整文献时序比例,及时补充更新相关文献资源,定期剔除价值低或者已经丧失价值的文献。例如,计算机学科比数理化学科文献老化速度快,保存时间就相应有所区别。目前,馆藏文献时间结构大致可分为1—3年、4—10年、11—20年、20年以上四个等级。

2. 文献资源的利用率(流通率)

利用率的高低是文献资源质量和结构等方面的综合反映。收藏的文献资源质量越高,读者使用频率就越高。对于书刊评价标准,借阅率是最基本的反映。图书馆也可在一定时期内选定相关种类馆藏资源的读者,对其使用情况进行跟踪调查,获得利用率数据,从而为馆藏的合理配置提供依据。目前,我国大部分图书馆的文献使用率较低,馆藏质量可能是其主要原因。有专家指出,图书馆应争取馆藏利用率达到75%,至少不能少于50%。

3. 文献资源的知识信息含量

读者信息需求的满足在很大程度上取决于图书馆文献资源的知识信息量。衡量文献中知识信息含量的一种比较可行的评价标准是考察核心文献的拥有率。对馆藏文献利用与流通分布状况的研究表明,25%的文献提供了流通的75%,50%的文献提供了流通的90%。这就是说,大多数的读者需求集中在少数核心文献上,而核心文献实际上就是科学信息和知识含量大的文献。因此,通过测定馆藏核心文献的占有率,就可以比较客观、准确地评价文献资源的知识信息含量。

图书馆面对庞大的出版发行信息,不能盲目选择,应合理利用图书馆经费,保证学术价值高、内容新颖的核心文献的收藏。对于图书文献,可以根据学科核心书目等,保证核心图书的入藏；对于中文期刊文献，可利用北京大学出版的《中文核心期刊要目总览》、中国科技信息研究出版的《中国科技期刊引证报告》、中国科学院文献情报中心建立的中国科学引文数据库（限于理工科期刊）、中国社会科学院文献信息中心和社科文献计量评价中心共同建立的《中国人文社会科学核心期刊要览》等圈定各学科的核心期刊范围，保证核心期刊的入藏。

文献资源建设与评价是动态的、发展的，两者具有互动性，文献资源建设的评价往往滞后于文献资源建设。图书馆建立健全科学的文献资源评价体系，对提高文献资源建设质量将起到巨大的推动作用。

三、馆藏文献资源的常用评价方法

对图书馆馆藏资源的评价，主要从三个角度出发：①根据其本身的各项特征制定的评价指标体系。②馆藏资源对读者信息需求的满足能力和信息资源被利用程度。③馆藏资源的利用率和使用效益。将三方面相结合，做到多方面、多角度地选取评价指标，尽可能客观、科学地对馆藏资源作出合理评价。

目前，馆藏文献资源的评价方法有以下几种：

（一）自我评价法

图书馆工作人员，通过定期对馆藏文献资源进行统计分析，从不同侧面进行评价。例如，评价文献增长量、文献文种结构及文献类型结构是否合理，文献的知识信息含量是否适合于读者需求，文献出版时间是否较新等。

（二）读者评价法

读者评价法是图书馆最常用的定性方法，主要是通过对读者的调查实现的，一般采用召开读者座谈会、发放调查问卷的形式。

这种方法根据读者反馈的关于馆藏的意见，使图书馆了解并掌握他们对不同类型文献的阅读需求，为制订馆藏补充计划提供可靠依据，为馆藏文献资源建设工作提供有价值的反馈信息。它操作简便，适用于各类图书馆。但是，在进行读者调查时除设计调查表比较烦琐外，被调查读者的代表性、读者答题的真实性和调查得到结论的推广性等方面也都存在不足，读者的意见有时是主观的、零碎的、片面的，读者相对窄小的兴趣范围与图书馆要满足大多数读者需求形成了矛盾。所以，在定性分析基础上，我们有时还需要借助定量方法来科学评价馆藏。

(三) 流通分析法

图书馆的文献资料大部分可供读者外借使用,因此流通记录是了解读者使用馆藏状况的一种具体依据。图书馆可依据流通记录中所记载的读者类型、图书类别、语言、出版年、入馆日期等来分析读者使用馆藏的情形。

通过流通分析法可以了解读者的需求和借阅情形,而且评价资料易归类分析,评价结果较为客观,但它对读者在馆内使用文献资料的情况无法全面反映,造成评价结果与实际情况有一定的偏差。

(四) 书目核对法

书目核对法是将被评价的馆藏与标准书目、核心书目或权威性的馆藏目录逐一进行核对,以评价馆藏文献收藏的完备程度。例如,国内出版的社科新书目、科技新书目等,这些目录中所列"必备文献"的收藏情况,可以反映一个图书馆馆藏文献的质量。有时也可以通过确定核心出版社的方法来评价图书。

书目核对法的优点是核对的过程比较容易进行,使用标准书目,评价的结果具有一定的权威性,同时能明确指出馆藏所缺乏的资料,可凭此弥补馆藏不足。缺点是许多标准书目不常更新修订,容易过时;书目不一定符合各个图书馆的个别所需;书目中所列的图书数量有限,不能以少数馆藏来评价全部馆藏的质量;某些学科难以寻获合适的核对书目。

(五) 引文分析法

引文分析法是对文章后面的参考文献进行统计分析,确定馆藏核心图书和期刊,考察图书馆馆藏满足读者从事学术研究活动的程度,为制定馆藏文献资源建设政策提供针对性强的第一手资料。此种方法对学术图书馆、专门图书馆或是其他有特定读者的图书馆较为适用。

引文分析法的优点是可以了解读者使用文献资料的特性,明确指出读者已使用而图书馆未收藏的资料,借以弥补馆藏缺失;可搜集全部或某类读者的文章加以分析,具有弹性。缺点是无法完整反映读者使用馆藏的情形;由于作者引用的理由较多,甚至存在伪引和虚假引用等现象,因此分析的结论并不十分可靠;文献被引用需要一段时间,故无法评价新入藏的馆藏。

目前国内还没有一套统一评价馆藏资源的评价方法和指标体系,有关馆藏文献资源评价的研究一般都只是从某一角度或某一资源类型开展的评价。馆藏文献资源的评价比较复杂，单纯用某一种方法评价馆藏文献质量的高低难以准确、客观和全面，因此，可以考虑定性与定量相结合进行分析评价。对于难以量化的标准可以采用定性评价的方法，定性评价简单易行、适应性较强，而定量评价具有客观性、准确性，两种评价方法结合进行可以互相取长补短，贴近客观实际。

随着电子网络信息技术的发展，我国大部分公共图书馆目前的馆藏资源都包含两部分，文献资源和数字资源（或称电子资源），因此在进行馆藏资源的评价过程中，应充分考虑两种类型资源的相互补充、相互作用。

第四节 智慧化趋势下基层图书馆资源整合与共享

一、智慧时代下基层图书馆的文化服务诉求

2016年5月1日，国务院办公厅转发了《关于推动文化文物单位文化创意产品开发的若干意见》，指出文化单位应当充分调动并激发文创积极性，以文创带动文化传播。2017年，国家发改委发布了《战略性新兴产业重点产品和服务指导目录》，认为图书馆应当积极实现从知识供给到文化服务的职能转变。因此，在智慧时代，图书管理者应当树立文化智慧信息服务理念，盘活图书馆文献储备资源，使文献典藏成为具有生命力的文化载体。基层图书馆作为当地文献资料典藏储备单位，具有底蕴优势与资源优势，但在"互联网+"移动媒体等智慧技术的背景下，纸质文献的地位受到冲击，很多基层图书馆面临"无人问津"的窘境。

然而，智慧时代的到来，对基层图书馆而言并不意味着绝对挑战，同时也为基层图书馆开展文化服务带来了新机遇。诞生于移动数字与"互联网+"和新兴数字技术背景下的智慧理念及其技术架构，不仅能够打破基层图书馆的传统组织架构，而且能够激活基层图书馆的文化服务理念，开辟基层图书馆发挥文化服务职能的新路径。

二、基层图书馆文献资源整合的策略

（一）从"地方志"到"现代书"

每个地方都有其独有的历史渊源、独特的风土人情、地道的饮食、标志性的风景建筑，形形色色皆为地方印记，桩桩件件皆可追溯既往。基层图书馆文献储备量一方面取决于地方经济发展水平，另一方面也与地方政府等部门的重视程度有关。经济条件并非一朝

一夕就可以提升，但重视图书馆文献储备却可以随时开展。基层图书馆管理者可以与当地政府、文化局等部门协调合作，开展地方特色历史与文化挖掘，对历史文化资源进行采集，以图文解说、口述史等方式整理地方志资源，以时间为横轴，以时空为纵轴，形成条理清晰、充实完备的地方志，打造基层图书馆特色文献同时，在充实地方志的基础上，基层图书馆要立足于时代发展现实，用客观、辩证的思维合理选择地方志内容，去其糟粕、取其精华，在呈现地方特色历史文化的同时，也彰显与时俱进的现代视角，将地方志变为"现代书"，用现代理念与价值观阐述地方文化溯源和途径的智慧与结晶。地方文献属于图书馆的特殊馆藏，可作为基层图书馆的品牌文献，因此基层图书馆在保存时应设立单独的科室或阅览室，便于文献的管理和读者查询及阅览。

（二）以地方文化所需定位文化服务方向

文化的诞生与发展取决于经济基础和政治属性，而经济和政治也是文化服务的本质对象，因此基层图书馆要站在地方文化市场需求的角度，有方向、有目的地选择文献储备，定位核心文化服务方向。根据当地产业结构与规划发展目标，基层图书馆可选择一些具有实际指导原则、策论意义的辅导指南类文献，为地方生产发展提供辅导材料，如科学农业种植、车间组织管理、某一新兴产业的运营指导等。因此，从市场的文化需求角度出发，基层图书馆的文献储备数量是动态的，文献储备工作也应当具有实时性。在结合市场文化诉求丰富文献储备的同时，基层图书馆要注重文献整理与排列，站在读者需求角度，以读者的需求为图书馆工作的出发点，进行科学的文献排序和陈列，同时提高服务水平，用符合市场需求的文献以及契合读者思维的服务，为读者搭建起便捷的沟通桥梁，建立起与当地文化市场的良好关系，为资源利用最大化做出努力。

三、智慧化趋势下基层图书馆文献共享的实现

智慧化趋势下，通过数字网络平台实现不同类型、不同级别图书馆文献的共享成为基层图书馆文献资源总量快速提升的捷径。在这个过程中，基层图书馆应积极搭建数字网络平台，实现文献资源的共享，从而达到提升服务效能的最终目标。

（一）基层图书馆数字网络平台的搭建

"互联网+"早已覆盖到人们生活的方方面面，基层图书馆可利用互联网数字技术，搭建图书馆数字网络平台。基层图书馆数字网络平台的搭建，需要图书馆、政府等有关部门以及技术人员的协同合作，可以文献编码为依据对文献进行收录，按照类目级别进行归纳，平台数据库中文献的出版信息、数量信息等要与实际情况一致。基层图书馆数字网络

平台基础层构建应分为用户层和管理员层,用户实名注册后可在平台上搜索自己想阅读的文献,搜索后会呈现该文献在图书馆的储量或被借阅时间,用户可根据自己的需要选择线下纸质文献借阅或线上电子版阅读。用户在以读者身份享用数字图书馆资源的同时,也可以选择上传自己认为有价值、有意义的文献,上传后进入数据库审核环节,后台管理员对用户上传的文献进行审核、确认,无误后可通过上传,并归纳在相应的门类分支,从而丰富数字图书馆的文献资源。对于上传、分享优质文献的用户,基层图书馆可以给予数字图书馆账号积分鼓励,积分可用于下载电子版文献。这种鼓励用户上传文献的方式,一方面可以进一步丰富基层图书馆数字网络平台的文献储备,另一方面形成了以图书馆为中心、以用户协同为连接点的共享文化服务网络。

(二)构建数字图书馆共享平台的智慧化管理架构

基层图书馆在搭建数字网络平台的同时,要注重平台的智慧化管理,且可打破地域限制,与其他基层图书馆协同合作。基层图书馆的文献一般都具有地域性,各个地方的文献都有其自身特色,各基层图书馆在搭建数字平台后可共享数据库,从而使基层图书馆文献数据库相互补充。在跨区域图书馆共享平台建设过程中,各地要以省级为单位,协同权威机构,对文献进行补充,使不同省份的文献形成优势互补,从而保证数字图书馆共享平台的统一管理和规范,实现人力、物力利用的最大化。

另外,图书馆共享平台的搭建还需要技术人员的协同管理。图书管理员必须具备一定的计算机操作能力,掌握智慧化平台管理技术,能够对后台管理层板块进行操作,针对图书馆文献资料的不同种类编制题录,根据文献专业进行分类,并建立相应导航与索引端口。因此,基层图书馆需要有效利用人力资源,根据图书管理员的技能和特长进行合理的人力资源利用,激活高学历技术人才,形成各地方联合、人才支撑、用户共享的基层图书馆数字平台智慧化管理架构。

第四章 公共图书馆管理与服务智慧化

第一节 公共图书馆管理的意义及特点

公共图书馆管理的概念可以从宏观和微观两个方面来定义。宏观方面的概念主要是指国家或政府为保障人民群众平等利用公共图书馆服务的权益，通过颁布法律或法规建立公共图书馆制度，确定建设主体、管理单元，制定建设、服务、评估等标准体系并组织实施的过程。微观方面的概念是指公共图书馆管理者为完成使命，对公共图书馆所拥有的各项人力、物力和财力等资源进行计划、组织、领导、控制和协调的过程，在保障人民群众享用到普遍均等的公共图书馆服务的同时，使服务成本最小化。本书只讨论微观方面的管理，公共图书馆宏观管理见本套教材中于良芝教授等编著的《公共图书馆基本原理》。

一、公共图书馆管理的意义

在新时期全覆盖和普遍均等的语境下，公共图书馆正从单打独斗、各自为政走向体系化、网络化，在资源建设上讲求共建共享，在服务提供上讲求质量一致，在读者利用上讲求方便快捷。

特别是在总分馆建设上，许多地区已经开始从注重形式转向形式与内容的统一。总分馆使一个地区中的许多个图书馆形成了统一的服务体系，成为当地公共文化服务体系最重要的组成部分。之所以这样说，是因为在公共文化服务体系中，只有公共图书馆有国际统一的服务理念和服务标准，纵向有完备的组织体系，横向可以借助计算机网络技术把设施构建成服务网络，而且最具备资源共享的可操作性。前面说过，越是规模化、系统化的组织体系，管理越重要。因此，具体来说，新时期公共图书馆管理的意义主要有以下四个方面：

第一，公共图书馆管理是提供规范和专业的公共图书馆服务的需要。公共图书馆提供的是机构化、专业化的服务，一个高度专业化机构的运行，需要规划、组织、协调，有人事、行政事务，有资金的组织和运用，所有这些，都离不开管理；特别是专业化的服务离不开专业人才，专业人才的招聘、录用、考核、薪酬、晋升及职业生涯规划等，都需要管理。

第二，公共图书馆管理是现代信息资源组织和利用的需要。图书馆是"生长着的有机体"，从甲骨文到计算机，图书馆一直充分利用人类文明成果开展文献信息资源的组织、加工和服务，科学技术的发展会导致图书馆运行模式、服务手段、服务方式、人员专业结构等的变化，管理是适应变化、利用变化的有效武器。

第三，公共图书馆管理是构建全覆盖的公共图书馆服务体系的需要。覆盖全国的公共图书馆服务体系，是由许多地区的公共图书馆服务体系组成；某一个区域的公共图书馆服务体系是由一群图书馆按科学布局、某种共建共享方式（或一体，或合作，或联合）、某种统一的服务标准、某种管理模式等集合而成。机构规模越大，管理就越复杂，一批图书馆构建成一种体系后，其本身就成为一个系统，内部结构更为复杂。因而，就新时期而言，公共图书馆的管理不仅需要针对单个图书馆，而更要从整体性出发，按照系统论的方法实施管理。

第四，公共图书馆管理是实现经济高效和可持续发展的需要。公共图书馆是一种较为昂贵的服务，在全免费时代，人民群众可以充分享受到公共图书馆服务，但服务越多、成本越大。因而，一方面，公共图书馆需要彰显价值，从而在有限的公共资源中占有一定的份额；另一方面，必须以一种经济高效的组织形式、服务模式，来不断降低服务成本、提高服务效益，从而使其总的服务成本维持在公共财政可以支撑的范围内，实现可持续发展。因而预算的编制、成本的核算、财务的策划、效益的评估等，都成为公共图书馆管理的重要内容。

二、公共图书馆管理的特点

根据公共图书馆实践和新时期提供普遍均等公共图书馆服务的要求，本书认为公共图书馆管理有以下一些特点：

（一）理念与实践的结合

公共图书馆的管理是一种实践活动，是需要以管理理论指导的实践活动，通过管理，提高服务效益，从而经济高效地实现公共图书馆的目标。但公共图书馆有其自身特定的价值观和使命，因此，公共图书馆的管理除了应符合管理本身的普遍规律外，还需要根据其使命符合自身固有的服务理念，公共图书馆管理是根据公共图书馆理念指引的实践活动。所以，公共图书馆管理除了需要具备管理理论、知识、方法、技巧和艺术外，还必须把公共图书馆的服务理念贯彻始终，在管理中坚持自己的核心价值观，使决策首先符合理念，保持正确的方向；否则，背离理念的管理，效率越高，离目标越远。

（二）公平与效率的结合

公平是普世价值，公共图书馆的使命之一是实现社会信息公平，因而在各项服务中，公平原则应该成为管理中的前提。但在支撑和保障服务开展的过程中，必须讲求效率，资源的稀缺性决定了缺乏效率就实现不了公平。同时，公平和效率永远是一对相对的概念，没有绝对的公平，也没有最高的效率。公共图书馆的管理，不管是设置制度，还是馆藏政策、服务政策等，都必须在公平和效率中寻找结合点、平衡点。

另外，公共图书馆在实现经济高效的同时还必须实现两大目标：对内不断降低服务成本，提高服务效率；对外不断降低读者利用图书馆的交通成本和时间成本，提高读者的满意度。这些，使得公共图书馆管理与企业管理有较大差异。

（三）传统与现代的结合

公共图书馆既提供传统的纸本文献借阅服务，又大量使用现代科技手段开展各种信息服务。由于向所有人开放，用户的年龄、职业、层次、需求、利用图书馆的习惯和方式呈现多样性，不同的用户对图书馆的环境、资源、技术运用、服务手段和方式也有着不同的要求。公共图书馆从满足所有用户需求的理念出发，需要在巩固传统服务技术和方式的前提下，不断运用高新技术支持和支撑服务创新。

为适应这种变化，公共图书馆在管理理论、管理体制、管理机制、管理实践、管理手段等方面与现代企业管理相比都存在着很大差距，这就导致了公共图书馆的管理需要融合各种管理思想，选择适合自身实际的管理理论，创新管理机制，开展管理实践。

（四）宏观与微观的结合

我们正处于建设覆盖全社会的公共图书馆服务体系的转型和实践时期，公共图书馆的管理者面对图书馆自身发展和社会大环境的变化，其管理既要针对单个图书馆，又要针对总分馆、区域性服务网络等服务体系，这需要公共图书馆的管理者积极探索实践，创新管理理论，提升管理能力，以保障公共图书馆普遍均等服务目标的实现。

第二节　公共图书馆管理的常用模式

在公共图书馆的管理实践中，自觉不自觉地采用了许多企业的管理理念和方法，这些先进的理念和方法赋予了公共图书馆有效运行的活力，还有一些公共图书馆根据各自馆的特色创新本馆的管理方式，取得了良好的效果。下面介绍几种我国公共图书馆界的管理模式。

一、项目管理模式

（一）项目管理的定义理解

所谓项目，就是为了提高某项产品、服务或成果所做的临时性努力。从这个概念中，可以看出项目的两个关键点：成果和临时性努力。所谓项目管理，就是以项目为对象，通过一个临时的、柔性化的专门组织，对项目进行高效率的计划、领导、协调和控制，使项目的全过程资源得到优化，从而顺利实现项目预期目标的过程。

时间、成本和质量是一个项目的三个关键因素。它们之间相互制约、相互促进，也相互矛盾，在具体的实际中，要根据具体项目的性质来协调三者的关系。以活动为中心进行的项目一般时间比较关键，例如某一个商场的周年庆，庆祝日是不可变更的，所以这个项目的日期从一开始就确定了。以质量为中心的项目一般质量都比较关键，例如某一个研发项目，研发产品是否成功，关键在于其质量。还有不少项目是以成本为关键的，例如一项承包工程，客户给出一定的价格，项目的支出就必须保持在预算之内。

项目管理的过程一般包括：①项目的确定，包括初步确定项目组成人员、确定项目界限、初步确定项目计划、项目初始阶段总结评审。②项目的计划过程，包括确认项目流程、确认项目详细计划、计划评审及批准等。③项目的实施过程，包括执行项目计划、管理项目、控制项目计划及完成情况、项目变更控制及进程评审。④项目的结束过程，包括完成多项项目的移交准备工作、完成项目的总结报告等。

在项目管理过程中，表现出几个特点：①复杂性：项目是由多个部分组成，跨多个部门或组织，涉及的事情比较多，所以项目管理具有复杂性。②需要集权领导和专门组织：要求不同部门之间作出迅速有效而且相互关联、相互依存的反应，需要建立围绕某一任务进行决策的机制和相应的专门组织。③项目负责人起着非常重要的作用：要在有限的时间、资金条件下完成项目目标，有权独立进行计划、资源调配、协调和控制。④创造性：项目的一次性特点，决定了项目管理既要承担风险又要创造性地进行管理。

（二）项目管理在公共图书馆的应用

项目管理在图书馆界应用比较多，例如，东华大学图书馆在其中文图书馆藏优化中采用了项目管理机制，一些高校图书馆在回溯建库、建立特色数据库方面都用了此方法。在公共图书馆，项目管理其实也融入了日常工作中，只是没有挂上项目管理这个牌子。例如，为举办一次联欢晚会而设立一个"春晚小组"，为完成某一次迎评工作而成立一个"××小组"，或者是为组织一次大型读者活动（比如"4·23"世界读书日活动）成立一个小组。这些其实都应用了项目管理，即打破部门组织结构，根据任务的需要将相关部门的人员组织起来，并设定一个负责人（通常是副馆长或部门主任，但也可以是普通馆员），负责整个项目实施过程中的监督和协调。乌鲁木齐市图书馆曾采用项目管理打造"文化讲坛"这一项目苏州图书馆根据人员编制不足、许多工作无法安排的情况，在打造学习型组织的过程中，组建了许多学习型团队，并指派工作项目，把原来无法安排下去的工作以项目的形式发包给团队，每年通过项目制完成的工作任务有许多个，完成了古籍地方文献数据库、中美合作中文信息平台、《爱书人的世界》和《亲子阅读》等的编撰等本来无法完成的工作任务。在公共图书馆的管理上明确提出"项目立馆"的是佛山市图书馆。

1. "项目立馆"的提出

佛山市图书馆在2011年1月正式提出了"项目立馆"的办馆方针。随即成立了"项目立馆"课题组，该课题组对"项目立馆"的定义、实施的必要性及可行性、图书馆项目的特点和种类、图书馆项目团队组织结构及责权、图书馆项目实施步骤与办法、图书馆对项目的行政支持工作、项目促进图书馆人才队伍建设、图书馆项目成果的推广应用等方面进行了系统的研究。并形成了一系列研究成果，包括：《佛山市图书馆项目实施步骤》《项目文档模板》《佛山市图书馆项目实施答疑》《佛山市图书馆项目等级说明》《佛山市图书馆2012年项目申报办法》，以及研究报告：《项目立馆图书馆发展新思路》等。

2. "项目立馆"的实施

（1）建立试点。2011年2月，佛山市图书馆以"崇文佛山·阅读春天"系列读书活动作为"项目立馆"的试点，将项目管理正式应用到该馆的日常管理中。同时成立了活动领导小组，并以"项目立馆"课题组的前期理论研究为基础，将该系列活动拆分为12个独立项目，然后向全馆公布该系列活动的通知并号召馆员根据自身实际情况及意向，加入相关项目。随即公布了系列活动项目申请、项目组成与职责等相关说明。两周之后，领导小组确立了系列活动项目负责人，召开会议并安排了具体工作。四个月之后，分管项目管理的业务管理部门发布了《佛山市图书馆项目实施步骤》。2011年12月底启动的"崇文佛山·阅读春天"系列读书活动项目、2011年3月启动的"读者自主采购借阅服务"。2011年5月启动的"佛山市联合图书馆'二代身份证'免押金借阅服务"及"项目立馆"，这些项目全部进入结项程序，经项目评审小组评审通过。

（2）"项目立馆"的正式应用。2011年11月，佛山市图书馆发布了《佛山市图书馆

2012年项目申报办法》，各部门开始2012年的项目申报。2012年共申报62个项目，经图书馆项目评审小组评审，最终有48个项目获得立项。

（3）"项目立馆"的实施效果。佛山市图书馆在开展"项目立馆"试点工作后发现，实施项目管理不仅使项目经费得到了有效利用，而且扩大了宣传效应，并使所有的宣传有了一致性。例如，通过"系列读书活动整体宣传"项目的成功运作，整个系列读书活动在《中国文化报》等各类主流平面媒体发稿就多达72篇，篇幅之多、版面之广是历届之最。此外，实施项目管理还调动了馆员的工作积极性。据统计，仅"崇文佛山·阅读春天"系列读书活动，主动报名参与各项目的员工就有58位，占员工总数的48%；2012年员工的参与度更是达到90%以上。

3. 注意的问题

佛山市图书馆在"项目立馆"的情况介绍中指出，作为第一次尝试，由于馆员对各项流程不熟悉，在实施过程中，没有项目管理的专责机构对所实施项目进行全面的监控和协调管理以及项目制度本身的不完善，导致部分项目未能严格按照流程实施，记录档案不完备。同时，项目负责人和成员权限不明，项目与项目之间、项目与部门之间的沟通、协调及人员安排方面存在问题。

通过对佛山市图书馆项目立馆相关材料的解读和分析发现，该馆在开始项目管理前做了很充分的准备，其整个试点实施也开展得有声有色，很多馆员积极参与了相关项目。在实施过程中，该馆将项目的参与与"员工评分系统"挂钩，凡参与项目者均有相应的分值，这一操作一方面鼓励了馆员参与项目，另一方面也可能为滥竽充数埋下了伏笔。所以，在项目管理上值得注意的是：不仅要调动馆员的积极性，更要充分发挥馆员的才智，尽可能地避免项目参与泛滥化，可以对每个项目的成员组成提出一定的要求，以此来督促馆员不断地提升自己。

二、绩效管理模式

（一）绩效管理的定义理解

绩效管理作为组织管理活动，尤其是人力资源管理活动的重要组成部分之一，是指管理者用来确保员工的工作活动和工作产出与组织的目标保持一致的手段及过程。具体说来，是指管理者与被管理者之间根据组织目标对被管理者的工作技能、工作活动、工作产出进行持续的沟通与评价，使组织、群体和个人取得较好的工作结果，进而保证组织目标有效实现的管理方法与管理过程。

公共图书馆的绩效管理是指通过对图书馆战略目标分解和业绩评价，将绩效成绩用于图书馆日常管理活动中，以激励员工业绩持续改进并最终实现图书馆战略目标的一种管理活动。

（二）绩效管理在公共图书馆的应用

绩效管理在公共图书馆中的应用比较普遍也比较合适，作为一种非营利组织，公共图书馆需要通过各种机制来激发馆员的工作热情。近年来事业单位实行绩效改革后，公共图书馆纷纷开始实行绩效工资，开展了绩效管理。

2005年，苏州图书馆开始把绩效管理运用到管理实践中，并根据公共图书馆的使命、本馆的实际，结合学习型组织的创建，把绩效管理本馆化，取得了良好的效果。

1. 绩效管理运用的背景介绍

苏州图书馆新馆于2001年正式对外开放，新馆的落成为该馆的整体发展提供了一个新的平台。但同时，政府并没有因新馆开馆而增加人员编制，而新馆与老馆相比（2003年与2000年相比），开放时间增加了75%，持证读者增加了8倍，到馆读者增加了7.5倍，外借册次增加了7倍，讲座从无增加到24场等，综合工作量增加了约10倍，使全馆陷于应付开馆的状态，不要说信息推送、古籍数字化、二次文献开发、学术研究等无人来做，就是读者调查等常规性的工作也缺乏人手。为此，苏州图书馆开展了以提高工作热情和工作绩效为目的的绩效管理。

2. 绩效管理运用的具体实施

（1）设定绩效目标。在确定了实施绩效管理后，苏州图书馆根据本馆的发展目标制定了一系列绩效目标，并运用岗位工资制、目标责任制、馆员学分制、项目负责制等方式，精神鼓励和物质奖励相结合，配以定期的目标考核，使原来缺乏人手而无法开展的工作变成馆员竞相承担的工作。

目标责任制是根据战略规划，确定每年各部门的年度工作目标，制定工作的量化指标，年初部门主任与馆长签订目标管理责任书。责任书内容细化到日常工作的各个方面，例如排架的出错率、图书的遗失率、编目的准确率等。可以说，目标责任书制度是苏州图书馆实行绩效管理的一个铺垫。馆员学分管理是一种督促馆员加强业务学习、提高自身专业素养的途径，不同职位不同级别的人有不同的学分要求，每年年终馆员个人的学分是考核馆员个人的一个指标。项目负责制是建立以完成项目任务为主题的学习型团队，把项目任务与团队学习结合起来，让馆员在完成项目的过程中强化学习、提高技能，并完成工作任务。

（2）确定绩效考评机制。苏州图书馆在设定绩效目标的基础上，确定了绩效考评机制。每个季度和年终由考核小组交叉对各个部门的工作进行检查，考核小组由馆长室和部门主任组成。每次考核完，召开中层干部会议对考核结果给予公布、分析、讨论，及时发现问题并商讨问题解决方案。

（3）设立各种奖金。苏州图书馆从 2005 年起在原来平均主义奖金的基础上，调整和完善奖金发放办法，把根据考核分值计算出来的奖金发到部门，再由部门在对员工考核的基础上进行分配，调动了部门主任和员工的积极性；同时，馆内增设了一些单项奖励项目，比如项目奖金、超产奖励、个人奖金、团队活动经费等。项目奖金是每年年底对一年中完成的重大项目（读者活动、对外交流等）进行奖励，或者对额外完成项目任务的部门或团队进行奖励；奖金的多少取决于项目的大小和取得的效果；项目奖金能够最大限度地激励那些除了做好本职工作，还努力参加项目团队或参与临时大型事件的馆员。超产奖励是通过年终考核对各个部门的工作进行检查，超出目标责任书任务规定的给予相应奖励，反之将扣除部分奖金；超产奖励将日常工作目标与奖金直接挂钩，强化馆员的主人翁意识，同时也有助于一个部门的团结，实现了目标激励。个人奖励是对工作中表现优异的个人（如先进个人、服务标兵、最高学分者等）进行奖励，借此，树立楷模，鼓励先进，实现了模范激励。团队活动经费是指有些团队承担的项目永远看不到结果，但团队活动增强了馆员技能、保障了图书馆正常开放。

3. 绩效管理的实施效果

（1）调动了馆员的工作积极性。苏州图书馆实施绩效管理以来，极大地调动了馆员的工作热情。绩效管理实施后，全馆的工作业绩较之以前有了明显的提高。在没有增加人员编制的情况下，各项新的工作有序开展，成绩不断涌现："苏州大讲坛"经过四五年的运作被成功打造成品牌活动；开发的手机图书馆获江苏省五星工程奖；古籍地方文献数据库、分馆远程监控平台投入使用；开创了扶老上网、"悦"读宝贝、欢乐大本营、七彩夏日等许多服务品牌，使全馆读者接待量和图书外借量不断刷新纪录，使苏州图书馆成为提供优质公共服务的典型，形成了很好的口碑。

（2）塑造了民主化的管理文化。绩效目标、绩效考评、绩效奖励一套严谨的管理制度形成了客观、公正的管理氛围，构成了苏州图书馆透明的组织文化氛围。这种管理文化配合公共图书馆的服务理念，形成了苏州图书馆内部公平、公正、积极向上的价值观。

（3）有效地检测和控制了图书馆的各项工作。苏州图书馆在实施绩效管理的过程中，及时发现了各种问题并给予解决，保障了全馆各项工作有条不紊地向着战略目标前进。

4. 绩效管理运用应注意的问题

绩效管理中，需要物质奖励与精神奖励相配合，所以，可能被看不上眼的先进个人、服务标兵、技术能手等评比恰恰是一种荣誉奖励和尊重奖励。在奖励上，需要不断完善奖励机制，细化奖励标准。另外，在绩效管理中，特别要注重组织文化的建立，绩效评价要客观、公正，奖励才会发挥鼓励积极、鞭策落后的作用。还有，通过绩效管理应最大限度地激发新进馆员的工作热情，充分发挥他们的各项专业技能，这是图书馆实现可持续发展的一个重要因素。

三、科技立馆模式

在今天，科学技术对于每一个现代化组织来讲都显得非常必要和重要。20世纪后信息技术的发展给公共图书馆带来了冲击和挑战，但同时也带来了发展的机遇和活力。当很多公共图书馆在为技术带来的威胁而感到紧张和无奈时，东莞图书馆提出了"科技立馆"的理念，并成功付诸实践，取得了显著效果。

（一）科技立馆模式的背景介绍

东莞是一个在行政设置上非常特别的地级市，全市跳过县、区，只设置了4个街道、28个乡镇。这为东莞图书馆提供了直接与乡镇街道图书馆建立联盟的便利。由于体制的问题，东莞图书馆没有走打通或绕开体制建立联盟的道路，而是探索了技术先行的路子，通过开发集群化管理系统，将全市的乡镇街道图书馆纳入其中，形成了东莞特有的公共图书馆集群化管理，并在此过程中，确立了自身的"科技立馆"战略。

（二）科技立馆模式的实施项目

1. 研发 Interlib 图书馆集群网络管理平台

在"科技立馆"理念的指引下，东莞图书馆积极探索创新，于2003年研发出了Interlib图书馆集群网络管理平台。2005年5月，该系统通过了文化和旅游部组织的科技成果项目鉴定。Interlib图书馆集群网络管理平台的出现，革命性地为总分馆制的实现提供了技术保障。依托此管理系统，东莞市大力实施以城市为中心、图书馆为龙头的服务体系建设，构建起紧密协作的图书馆集群网络，逐步开展东莞地区总分馆的通借通还、资源共享和活动联动，实现区域图书馆的协同发展。

2. 打造二十四小时全天候自助服务

2005年9月，东莞图书馆将图书自助借还设备、图书检测设备、门禁设备、图书馆业务系统等技术进行整合，开设全国首家自助图书馆；2007年12月，又推出运用RFID（射频识别）技术和可放置于城市任何角落的全国第一家图书馆ATM（图书自助服务站）。这些先进技术的应用延长了图书馆服务的时间，延伸了服务空间，为民众利用公共图书馆提供了新途径，多样化的公共图书馆的服务方式。2009年9月，自助图书馆被文化部选为"国家文化创新工程"扶持项目，东莞城市图书馆总分馆服务体系因此得到不断的完善。

3. 开发"市民学习网"

2005年，通过运用先进技术，东莞图书馆推出了为市民开发的自主学习平台——"市民学习网"，开设网上课程1500余门，市民在家中即可通过远程网络进行自主学习，该平台的建立有助于东莞图书馆完成在促进社会教育方面的使命。以此为基础的"互联网环境下的市民学习平台研发与项目实施"项目在2009年3月通过了国家文化部验收。紧接着，东莞图书馆继续深入研发，于2011年推出"东莞学习中心"，即向读者提供可以利用的150万种电子图书、1万种电子期刊、2800万篇学术论文以及1万多部视频资源，充分地为民众的自主学习、继续教育提供了条件和平台。

（三）科技立馆模式的实施成效

以科学技术为发展依托点，创新服务方式，构建服务体系，为东莞图书馆取得了良好的经济和社会效益。①Interlib图书馆集群网络管理平台帮助东莞成功构建了协同发展的公共图书馆服务体系，实现了"一馆办证，多馆借书；一馆借书，多馆还书"。此外，该系统被业界多个地区的2000多家图书馆使用，在一定程度上促进了我国公共图书馆的发展。②自助图书馆和图书馆ATM全天候为读者提供自助借阅服务，深受读者的好评和喜爱。

以科学技术为发展突破口，东莞图书馆研发了一系列于民方便、于馆高效的信息系统和网络平台。在新时代下，公共图书馆的确需要借助技术来进一步实现自身的使命，也需要顺应技术的发展来开辟新的业务发展空间。

四、评估与质量管理模式

在业界，还有不少公共图书馆巧用多种方法，借助多方力量来推进该馆管理工作的开展，其中杭州图书馆在这一方面树立了楷模。

（一）产出经济评价与绩效评估

2008年，杭州图书馆借助"钱江特聘专家"推出了"公共图书馆投入产出经济评价与绩效评估研究"项目，邀请了北京大学和浙江大学的图书馆专家学者对杭州图书馆的经济效益和服务绩效进行了评估研究。整个评估研究分为两个部分：

一是通过消费者剩余法和条件价值评估法对杭州图书馆各项服务所产生的经济效益进行评估，即以代替品的价格（例如可以根据租书店租书价格来计算借出一本书的产值）和问卷调查读者愿意支付的价格（例如调查读者愿意付多少费用来参加一次读者活动）来核算该馆的经济产值。

二是通过建立评估指标体系对杭州图书馆的实际服务情况作了诊断，包括经费、人群覆盖率、文献利用率、设备的有效性等方面。

服务绩效评估显示杭州图书馆在硬件方面已经超过了我国省级公共图书馆的平均水平，经费保障方面与纽约、温哥华、东京还有差距，整体服务效益在国内处于领先水平，与国外大城市相比还有差距。

（二）注重内部质量管理

杭州图书馆目前正在编制该馆的《质量手册》，该手册结合图书馆的实际情况对馆内各项规章制度进行了梳理和修订，使杭州图书馆内部管理体系通过国际标准 ISO 9000 质量管理体系的认证，从而提升服务能力。在编制过程中，杭州图书馆借助专业的认证公司（杭州万泰认证公司）为该馆的质量体系建设进行测评认证，目前一切工作正在有序进行中。

第三节 公共图书馆的基本服务内容

一、公共图书馆的外借阅览服务

文献资源借阅服务是指图书馆将馆藏各类文献资源通过各种文献流通方式提供给读者利用的服务方式，分为文献外借服务、文献阅览服务等。文献资源借阅服务是图书馆读者服务工作中的最基本、最主要的服务方式，其工作质量的好坏是评估图书馆工作效益高低的重要内容。

（一）文献外借服务

文献外借服务是指读者与图书馆建立一定的契约关系后，图书馆将馆藏文献资源在一定期限内出借给读者，使读者可在馆外使用的一种服务方式。

1. 文献外借服务的形式

根据外借服务对象、文献来源、外借方式等的差别，图书馆外借服务的形式主要有个人外借、集体外借、馆际互借、预约借书、邮寄外借、流动外借等。

（1）个人外借。读者持借书证以个人身份办理借书手续的一种外借形式。个人外借能满足读者个人的不同需求，是文献外借的基本形式。

（2）集体外借。读者以集体为单位，批量从图书馆外借图书的一种外借形式。集体读者按照图书馆的规定办理集体借证，由专人代表向图书馆集体办理文献批量外借，以满足集体读者共同的阅读需求。

（3）馆际互借。图书馆之间根据协定相互利用对方馆藏以满足本馆读者需求的外借形式。其主要作用是各馆之间可互通有无，弥补本馆藏书的不足，多途径地满足读者需要。

（4）预约借书。读者向图书馆预约登记某种暂时被借出的图书，待图书归还后由图书馆按预约顺序通知读者借书的外借形式。

（5）邮寄外借。图书馆借助邮政传递手段，为远离图书馆而又需要文献的单位和个人读者寄送外借书刊。《中华人民共和国残疾人保障法》中规定，盲人读物邮件免费寄送，由此可以通过邮局为视障读者邮寄图书，让他们能轻松、便捷地使用盲人图书资料，图书馆也可以有效地节省人力、物力。

（6）流动外借。图书馆通过馆外流动站、流动服务车等途径，定期将馆藏文献送到读者身边开展借阅活动的服务形式。

2. 文献外借服务的内容

（1）办理借书证。

公共图书馆发放借书证的对象是全体市民。凡持有个人身份证或其他有效证件（户口薄、驾驶证、护照、军人证等）的人，都可以办理个人借书证。

借书卡的材质有普通纸质卡、PVC（聚氯乙烯）卡、智能卡等。普通纸质卡造价便宜，但易磨损；PVC条码卡造价中等，可通过条码识别读者信息；智能卡识别方便、功能扩展性强，但造价高。随着身份证、市民卡、社保卡的智能化和统一化，不少图书馆也开始尝试使用现成的居民身份识别证件作为借阅图书的凭证。例如，佛山市联合图书馆、杭州图书馆、青岛图书馆、济南图书馆等都可以使用二代身份证作为借书证，苏州地区各公共图书馆普遍使用当地市民卡作为借书证。

读者办理借书证可收取一定数量的押金，押金的金额可根据读者申请的借阅权限调整。近年来，图书馆界也在进行免押金借阅的讨论和尝试。

（2）文献外借。

文献外借要有一定的规定和制度：规定每次可借的册数；限制外借时间一般为一个月；明确续借制度、损书、超期的处罚制度；等等。传统的文献外借需手工进行，通过借书证、索书单、书袋卡、借书记录卡等进行管理。随着计算机在图书馆的使用，外借服务大多使用计算机进行管理，大大提高了工作效率。

(3) 文献续借。

读者根据需要，在文献未过期的前提下延长借阅期限的方式。文献续借的方法有到馆续借、电话续借、网上续借、短信续借等。不同类型的文献可按需求制定不同的续借规则。通常规定在某些情况下不容许进行续借，如读者证已过期、读者有过期未还文献、读者欠费到一定额度、已经超过可续借的次数等。为了保障每个读者公平享用资源的权利，一般同一读者当前借阅的图书最多续借一次。

(4) 文献催还。

文献催还服务分为3种：预期催还、超期催还和预约催还。预期催还就是读者所借阅的文献即将到期而进行的催还；超期催还是读者所借阅的文献已经超过规定期限没有归还而进行的催还；预约催还指读者对正在借出状态的文献提预约要求，提示持有者按期归还（即催还），并不再续借。文献催还的方式主要有电话通知、手机短信提醒、邮寄催还单、网上发布等。

（二）文献阅览服务

文献阅览服务是指图书馆利用一定的空间设施，供读者在图书馆内阅读、利用馆藏文献的一种服务方式。通过馆内阅览，可以使读者更全面、更有效地使用馆藏书刊。

文献阅览服务主要通过各类阅览室展开工作。阅览室的种类很多，为了正确地设置阅览室，科学地管理阅览室，可按以下标准划分阅览室的类型：按知识门类划分，可以设置社会科学阅览室、自然科学阅览室、地方文献阅览室等；按读者对象划分，可以设置少儿阅览室、视障阅览室等；按出版类型划分，可设置期刊阅览室、图书阅览室、参考工具书阅览室、视听资料阅览室等；按文献文种划分，可设置中文阅览室、外文阅览室和少数民族阅览室等。文献阅览服务的内容包括：合理规划和合理布局各类文献资料；认真布置阅览环境和营造阅读氛围；积极推进阅读指导和阅读推广服务；努力加强参考咨询服务；等等。

公共图书馆作为公共文化设施，应提供免费阅览服务，让所有市民自由出入图书馆，真正体现公共图书馆的公益性和开放性；同时应建立开架阅览和藏、阅、借结合的服务模式，为读者提供多元化阅读服务。

二、公共图书馆参考咨询服务

（一）参考咨询的含义

图书馆咨询服务的实质是以文献为根据，通过个别解答的方式，有针对性地向读者提供具体的文献、文献知识或文献途径的一项服务工作。该定义明确指出，咨询的基础是文献，咨询服务以文献为主要依据，针对读者在获取信息资源过程中提出的各种疑难问题，利用各种参考工具、检索工具、互联网以及有关文献资源，为读者检索、揭示、提供文献及文献知识或文献线索，或在读者使用他们不熟悉的检索工具方面给予辅导和帮助，以解答读者问题。由于解答问题的主要依据是图书馆现有的文献或其他参考源等，公共图书馆管理与服务且提供的答案又是参考性的，所以，对于这类服务多称为"参考咨询服务""参考服务""咨询服务"等。

（二）图书馆咨询服务的类型

公共图书馆的咨询服务既包括被动接受读者询问，也包括主动宣传报道、信息推送；既包括馆内咨询，也包括馆外咨询；既包括通过个别辅导方式帮助读者查找信息，也包括开展各类读者教育活动普及推广信息；既包括开展简单的普通咨询服务，也包括专题文献研究和服务等较深入的咨询服务；既包括面向普通读者的咨询服务，也包括面向政府机构、企业等特定人群的咨询服务；等等。

1. 普通咨询服务

由工作人员接受读者咨询提问，并提供解答，一般问题难度不大，可较快解决。按照读者提问的内容特征可分为向导性咨询和辅导性咨询。向导性咨询的问题都是一些常识性问题，如某某阅览室在哪里，图书馆开放时间等。工作人员需将问题进行归类、整理成参考咨询手册或"常见问题"，以便快速回答或统一口径回答。辅导性咨询是指针对读者在查找资料过程中出现的各种问题而进行的咨询活动。

针对读者提出的一般性知识咨询，通过查阅各种相关的参考工具书查找线索或答案，直接回答读者，或指引读者利用某一工具书、刊，直接阅读有关咨询问题的资料。对于读者在查找文献过程中因不熟悉检索方法而遇到的困难，图书馆工作人员可以充分发挥自己熟悉馆藏、熟悉检索工具的优势，给读者以检索方法的辅导和帮助。

2. 为地方政府提供决策服务

党政领导的决策牵涉面广，任何疏忽都可能对社会、老百姓造成不良后果，因此领导在作出一项决策之前，需充分了解各种信息。图书馆作为社会公益性机构，理应为广大党政领导提供决策参考服务，以提高领导决策的科学性。决策服务的内容包括立法决策服务、政治决策服务、经济决策服务等。图书馆提供决策服务的方式包括：以地方政府及政府决策执行部门作为服务的对象，为它们提供专项信息咨询服务；与政府有关部门合作编制具有影响力、有品牌效益的信息产品；根据地方政府关心的大事、突发事件编制专题信息剪报；参与地方政府支持的课题研究；为政府决策部门开通网络信息服务绿色通道；编制本地舆情信息刊物；等等。

（三）图书馆咨询服务的形式

咨询的服务方式有传统咨询形式和网络咨询形式两大类。传统咨询形式常见的有到馆咨询和电话咨询。图书馆各阅览室都设有咨询岗，图书馆工作人员可以为读者提供文献查询、检索服务等全方位服务。图书馆总服务台可以提供电话咨询服务，各个阅览室也可以提供电话咨询服务，如询问开馆时间、办理续借书刊、借书证的办理等。网络技术的迅速发展和应用，使传统咨询的提问和解答方式都发生了重大变化，出现了信息推送和虚拟咨询等通过网络完成的咨询服务。国内外许多图书馆和信息机构相继加入提供数字参考咨询服务的行列，使参考咨询这一具有100多年传统的文献信息服务在服务模式、工作方法、参考资源乃至服务对象等方面都发生了根本性的变化。

（四）数字参考咨询服务

1. 数字参考咨询服务概述

数字参考咨询是国外图书馆20世纪90年代中后期迅速兴起的一种新的服务方式，是传统参考咨询在网络环境下的继承、延伸和发展。它利用网络提供的技术优势，为用户提供方便、及时、高效的咨询服务。

（1）数字参考咨询服务的定义。

数字参考咨询服务是建立在数字资源建设基础上，以丰富的馆藏资源和互联网资源为依托，针对网络用户的提问，由具备一定专业知识的人员通过电子邮件、网络表单、聊天、视频、网上客户呼叫中心软件、网络语音协议等手段，为用户提供方便、快捷的现代知识服务。它又称虚拟参考服务、在线参考咨询服务、电子参考咨询服务等。其核心是一种分布式信息网络中具有特殊知识和技能的"信息专家"（专业知识网络）对用户的个性化服务，使用户不受时空限制获得咨询服务和信息共享，有效地实现信息资源、专家资源、服务资源最优化共享与利用。

（2）数字参考咨询服务的特点。

一是信息源的广泛性与多样性。在网络环境下，图书馆参考咨询的信息源从传统馆藏扩大到包含各种数据库、联机目录、电子或电子化出版物以及大量网上资源。信息源的类型多样、内容丰富，可扩大用户的检索空间和提高原文的可获得率。

二是服务手段的现代化和技术性。计算机等先进技术在图书馆的运用，实现了信息资源数字化和咨询服务工作的现代化。传统的手工检索工具和传递方式由于网络技术的发展而逐步弱化，取而代之的是网络信息检索工具和传递工具。

三是咨询服务的及时性与实时性。网络化的工具在扩大检索范围的同时，大大提高了信息检索与传递的速度，使参考咨询服务得以超越时空的限制，在很短的时间内完成，并实现实时交互。

四是服务模式的个性化和多样性。数字参考咨询独具"一对一、一对多"的服务特点，可采用 E-mail 咨询、FAQ 档案库、实时咨询、联合虚拟参考咨询服务等多种方式，共享世界范围馆藏文献资源与专家资源，实现全球化、个性化、实时化咨询服务。

五是咨询解答的专业性与可靠性。参考咨询服务的成员需受到相应的培训，其中有一些甚至是图书情报界专家或具体学科带头人。图书馆之间还可以合作成立网上咨询中心，将咨询问题按学科、专业等分送给相应的参考馆员回答。这样不仅提高了解答的专业性，而且也提高了解答的权威性与可靠性。

（3）数字参考咨询服务的工作程序。

无论何种类型的数字参考咨询，虽然在具体方式上存在一定的差异，但其工作流程基本由以下 5 个密切相关的环节组成：

一是问题接收。数字参考咨询服务系统以各种方式（E-mail，Webform，real-time 等）接收用户提问。

二是提问解析和分派。数字参考咨询服务系统对接收到的用户提问进行一定的分析、筛选和评估，并首先查询先前的问题和答案保存文档，看是否有比较合适的现成答案；如果无合适的现成答案，系统将此提问发送至专家库，以寻求最适合的可能回答问题的专家。

三是专家作出答案。专家根据自身的知识和可以获取的资源，按照一定的要求和准则作出答案。

四是答案。发送专家的答案可以"张贴"到 DRS 服务的"回答"页面，让用户随后进行查询、浏览；当然答案也可直接发送至用户信箱。

五是跟踪。数字参考咨询服务系统通过所记录的提问信息来监控每一个问题的处理进展，如果需要，随时将当前提问处理的情况通报用户；而当一个问题回答完毕后，问题和答案需进行存档，以便以后查询利用；在此基础上逐步形成一个独立的、可面向所有网络用户进行检索的知识库，而大多数数字参考咨询服务系统的 FAQ 也产生于这个保存文档。

2. 数字参考咨询与传统参考咨询的区别

数字参考咨询随着新技术的应用、数字环境的飞速变化，对参考咨询馆员提出了更大的挑战。传统参考咨询的三要素发生了巨大变化：读者需求更加丰富多样，参考馆员面临的信息环境、文献信息组织形式也愈加复杂多变，咨询的形式及结果也呈现多样化趋势。数字参考咨询和传统参考咨询两者的不同点体现在：

一是服务对象。传统参考咨询服务的对象主要是亲自到馆的用户，通过面对面的方式，了解用户提出请求的真正意图。数字参考咨询服务扩展了传统参考咨询服务的对象，不仅仅局限于到馆的用户，更多的是服务于远程用户，可以让更多的不能亲自到馆的用户同样也能享受图书馆的各种服务。

二是服务方式和服务参考源。传统参考咨询服务主要是采用手工检索，通过一些印刷版的工具书的查找，为用户解答问题。传统工具书大多具有权威性，但是形式单一、更新较慢、存储密度小、占用空间大、检索途径单一、操作费时费力、不能共享。数字参考咨询服务主要是通过网络和计算机等高新技术，通过查找一些数据库和网络资源为用户提供问题的答案或线索。数字参考咨询服务的参考源形式多样，存储密度大，检索功能好，操作简单，传递速度快，可以共享；但是数字参考咨询服务的保密性较差，所依赖的参考源相对于传统参考源而言，它的权威性和时效性受到质疑。

三是服务机构和服务队伍。传统参考咨询服务往往是设立参考工具书阅览室，以参考咨询台为中心开展工作，由馆员在参考咨询台轮流值班解答用户的有关图书馆的各方面问题。而数字参考咨询服务往往是设置信息咨询部门或技术参考部，借助虚拟咨询台通过网络接收用户问题，再通过网络解答用户问题。对于用户问题的解答也不仅仅只是依赖于本馆的工作人员，而是面向社会召集一些学科的专家或志愿者来解答，从而提高了答案的准确性。

传统参考咨询服务模式和数字参考咨询服务模式是图书馆参考咨询工作中出现的两种工作方式，二者之间是一种互补的关系，而不是取代。数字参考咨询服务模式可以吸收参考服务模式的理论，传统参考咨询服务模式可以借助数字参考咨询服务模式中的技术，二者可以在互相借鉴和完善中达到和谐一致的目的。

3. 数字参考咨询服务的常见模式

（1）异步模式。

顾名思义，异步数字参考咨询是用户提问与参考咨询员的回答是非即时的，目前主要采用常见问题解答（FAQ）、BBS电子公告板服务系统和电子邮件等服务方式。

第一，常见问题解答（FAQ）。在日常工作中，参考咨询员往往必须解答不同用户提出的相同问题，在网络环境下也是如此。常见问题解答，就是将用户经常问到的问题及其答案编辑成图书馆站点的一个网页，并在图书馆的主页显著的位置上建立链接，方便用户查询。这种服务内容大体是馆情介绍或服务政策方面的咨询,如怎样检索图书馆的目录、怎样办证、怎样申请馆际互借、怎样续借、允许用户一次借几本书等。常见问题解答是数字参考咨询初级阶段,存在一定的局限性,只能被动地接受服务,遇到没有提供的问题答案就会无所适从。

第二,电子公告板服务系统(BBS)。电子公告板系统简称 BBS,在图书馆的应用开始于 1981 年。当时美国芝加哥公共图书馆的分馆建立了 BBS 系统,给图书馆的参考咨询服务带来了全新的面貌。就目前情况而言,图书馆将 BBS 作为通告信息的园地,同时实施图书馆利用教育和进行参考咨询服务。该服务系统一个明显的缺点是保密性差,一些由于个人或商业原因需要保密的咨询问题不适合此方式。

第三,电子邮件参考咨询服务。电子邮件是计算机介入的通信方式中用得最多的,比普通邮政更受到人们的欢迎。差不多从图书馆拥有电子邮件时起,电子邮件咨询就成为图书馆的服务项目之一。早先是有咨询问题的用户向某一位图书馆员发送问题,由该图书馆员进行解答;后来发展为提供一个电子邮件地址,多个图书馆员都可以阅读并解答。比如浦东图书馆信息咨询与情报研究中心设有统一的邮箱,发布于浦东图书馆主页的联系地址中,读者可以直接问询也可发送表单,部门将及时回复,并将课题任务分配给咨询馆员进行解答。

(2)实时交互模式。

将电子邮件和表单用于参考咨询的最大问题在于"时滞",即图书馆员与用户之间无法建立起迅捷、即时的联系。将商业上使用的"聊天"技术改造为实时问答技术,能够克服这一缺点,使用户与图书馆员之间进行实时的你来我往的问答。联网计算机一端的用户通过键盘输入信息,另一台联网计算机的信息接收者就可以看到监视器上的信息,并作出答复。其最大特点是问题的答案可以立即传递。以文本为基础的网上问答融合了电话和电子邮件交流的优点,对图书馆的参考咨询服务具有重要的意义。目前主要采用的形式有网络聊天室、网络白板、网络视频会议、网络寻呼中心等。不仅如此,随着网络应用软件的不断发展,浦东图书馆还开通了微博、微信,及时发布活动通知、解答读者问题,并可以与读者实时交互。

(3)合作数字参考咨询模式。

合作式数字参考咨询系统是数字参考咨询发展到一定阶段的产物,是指基于网络由多个图书馆或信息机构建立协作关系,将咨询专家、学科知识与用户交互联系起来所形成的一个分布式的虚拟参考服务系统。合作式数字参考咨询系统扩大了图书馆的服务功能,并对传统的参考咨询服务模式进行了拓展,由过去的单一机构在办公时间内独立地提供馆藏资源服务,逐步扩展到由多家机构合作提供全天候协作式网络参考咨询服务,解决了异步服务和实时交互服务所带来的信息需求的繁杂和多样性，同时体现了信息资源、人力资源共享的优势。我国公共图书馆最早开展合作式数字参考咨询服务的系统是"网上联合知识导航站"，由上海图书馆于2001年5月推出。参与规模最大的合作式数字参考咨询系统是"联合参考咨询网"，由广东省立中山图书馆牵头组建，于2001年8月投入运行。

三、公共图书馆阅读推广服务

阅读推广是指图书馆通过开展各种阅读活动，向广大市民传播知识，培养市民的阅读兴趣，促进全民阅读。阅读指导的目的是满足读者的阅读需求，而阅读推广则是为了激发这种需求。阅读推广活动既是对阅读本身进行推广，也是对阅读指导服务的推广，同时也是图书馆一种很好的自我推广方式。

（一）阅读推广的契机

除了日常的阅读推广外，公共图书馆可把各种节日、纪念日及某些特殊的时间段作为阅读推广的主要契机，进行年度大型阅读推广活动和专题推广活动。

（二）阅读推广的主要形式

第一，图书展览。可针对不同人群和需求，开展专题或精品图书展览，直观地将图书展现在读者面前，吸引他们阅读和外借。例如针对小朋友的绘本书展，针对本地文化研究者的地方文献专题展等。

第二，推荐书目。可针对某一特定人群或特定的目的，围绕某一专门问题，对文献进行选择性的分类和筛选，并进行推荐。推荐书目不仅能引导读者阅读，同时更能激发读者爱书、读书的热情，是阅读选择过程中的重要辅助工具。

第三，演绎名著。可通过诗文朗诵、音乐会、影视欣赏的方式，演绎名著、名篇，激发读者对经典的兴趣，培养良好的阅读习惯，享受阅读的乐趣。对于少年儿童，则可通过故事会、COSPLAY（角色扮演）的形式，演绎经典童话、绘本书，让他们从小养成对阅读的兴趣，养成阅读的习惯。

第四，公益讲座。讲座是一种有效的知识传播手段，从一定意义上来讲也是一种推广阅读的活动形式。读者通过讲座，获取书本知识，养成阅读和求知的习惯。公益讲座近几年在公共图书馆里兴起，通过专家、名人讲座，让读者更亲近阅读，体味读书的人生乐趣。

除了以上阅读推广形式外，编制阅读推广手册，开展图书漂流活动、书友会活动、读书征文比赛、读书箴言征集、读书有奖知识竞赛、图书捐赠等也同样受到广大读者的欢迎。全媒体时代，图书馆更应充分利用各种媒体、信息技术，开展各种读书活动，使阅读推广行之有效。

第四节　智慧公共服务中的公共图书馆智慧化

一、智慧公共服务对公共图书馆建设的要求

高新技术的发展与进步为智慧公共服务和公共图书馆智慧化转型带来了机遇。《中华人民共和国国民经济和社会发展第十四个五年规划和 2035 年远景目标纲要》（以下简称《规划》）在第十六章"加快数字社会建设步伐"中提出了"提供智慧便捷的公共服务""建设智慧城市和数字乡村""构筑美好数字生活新图景"的新要求，提出了建设智慧社区、智慧医疗、智慧图书馆等智慧公共服务生活圈。

作为基本公共服务的主要阵地，公共图书馆面临着创新发展和智慧转型的诸多机遇与挑战。《规划》提出，要"积极发展智慧图书馆"，将公共图书馆的智慧化建设纳入国家发展规划。《"十四五"文化和旅游发展规划》提出要"以全国智慧图书馆体系建设为核心……在全国各级图书馆及其基层服务网点普遍建立实体智慧服务空间"，为全国公共图书馆开展智慧化建设工作提供了较为具体的指导。第十二届全国知识组织与知识链接学术交流会上，国家图书馆馆长熊远明强调，"必须围绕智慧图书馆业务、数据、服务、技术和产品的建设、维护与管理，建立一套较为完善的标准规范体系"，说明智慧图书馆的建设已经进入标准探索阶段。在着力推动智慧公共服务建设方面，科技部等六部门印发的《关于促进文化和科技深度融合的指导意见》提出，要"利用物联网、云计算、大数据、人工智能等新技术对公共文化服务和文化产业进行全方位、全链条的改造"，为技术支持智慧公共文化服务建设提供了思路。

读者对公共图书馆服务需求的发展变化，对公共图书馆提出了更高的要求，公共图书馆智慧化发展迫在眉睫，而想要提供智慧公共服务，公共图书馆就需要从自身变革开始，迎接新变化，满足新要求。

第一，主动服务。在信息技术高度发达的今天，读者获取信息与服务的渠道多种多样，对图书馆资源与服务的要求也越来越高。公共图书馆应抓住智慧化发展机遇，主动出击，通过"三微一端"网络直播、社会宣传等途径对图书馆智慧服务进行营销，将图书馆智慧服务推出去，使服务触角延伸到社区与市民中去，拓展服务对象，打通服务渠道，升级服务内容，优化服务环境。在打造公共图书馆高质量智慧化服务"里子"的同时，改革

完善图书馆服务形式的"面子",帮助读者高效、便利地获取服务。

第二,升级技术。智慧图书馆的发展建设与智慧公共服务的提供离不开相应信息技术的支持,公共图书馆应根据智慧化发展建设步调,不断升级技术,配合图书馆服务开展、资源建设、空间改造、管理优化。图书馆对于技术的升级应用不能盲目崇拜,而应当根据不同图书馆的发展现状采用不同的技术升级路径,如规模较小、实力较弱的图书馆应以引进简单易用的技术为主,逐步有序地推进图书馆智慧化建设;规模较大、实力较强的图书馆可以自主研发新技术,或立足新馆整体规划,打造智慧图书馆新样板。

第三,专业发展。专业发展是公共图书馆智慧化发展的重要基础,专业化成为其智慧时代的重要发展特征。公共图书馆的智慧化建设需要专业的人才、专业的知识,来提供专业的服务。智慧图书馆建设与服务所需专业知识背景、专业服务技能成为智慧馆员必备能力,因此,公共图书馆应当多种途径加强智慧型专业人才的培养,为智慧图书馆发展提供更多的内驱力,推动图书馆专业化与智慧化发展齐头并进。

二、公共图书馆智慧化的基本要素

公共图书馆的智慧化建设是全方位、全流程、全覆盖方向的发展,涉及馆藏、服务、空间、馆员、管理各要素的智慧化,只有各要素的智慧化同步发展,互联互通,将智能设施设备与图书馆服务融合,将用户需求与图书馆资源衔接,实现全要素的智慧化转型,才能真正实现图书馆的数智赋能与智慧创新,推动公共图书馆智慧化建设目标实现。

(一)基础保障:馆藏智慧化

馆藏资源是公共图书馆服务的基础。智慧图书馆建设的首要前提就是馆藏资源的智慧化,馆藏资源智慧化需实现纸质与数字资源互融、馆藏资源与读者互联、馆藏资源的区域互通,为开展智慧服务奠定坚实基础。

打通纸质资源与数字资源的内容链接,为读者提供检索提示与知识发现功能,提升读者检索精度。通过信息可视化手段呈现馆藏流通情况,并使数据服务于读者,推出阅读指标、针对性阅读推荐等,并进一步推动智慧化采购、盘活馆藏资源;实现馆藏资源与读者的智慧连接,将公共图书馆馆藏资源深入泛化到社区与读者当中。读者能够在任何时间、任何地点高效便利地获取任何图书馆资源,图书馆也能够即时感知读者需求,将适合读者的馆藏资源精准地推送给读者,提升服务效能;进行区域甚至全国范围内的协同合作,搭建区域内各公共图书馆间的沟通桥梁,在实现馆藏资源共建共享的基础上,建立区域资源集群与读者集群,实现不同馆际间的深度交互。

（二）内核导向：服务智慧化

服务智慧化是公共图书馆智慧化建设的初心与终极目标，也最能体现图书馆服务水平与核心价值。对服务内容、服务方式、服务主体、服务效果、服务环境各个方面优化升级，才能提升公共图书馆智慧化建设内核。提升图书馆的智慧化服务水平，要以技术创新为驱动，大力加强新技术运用，逐步将智慧服务覆盖至公共图书馆的各项业务流程，赋能服务主体，激活用户智慧，推动读者服务工作向更高层次延伸。

公共图书馆的智慧化发展对服务品质提出了更高要求，读者对图书馆高质量的服务需求，要求馆员在简单的文献服务与信息服务的基础上，提供凝聚馆员智慧的知识服务，为读者提供更聪明、更智慧、更优质的知识服务，提升服务品质，满足读者更加个性化和深层次的知识需求。并通过新兴技术与图书馆业务场景深度融合，为用户提供触手可及的智慧服务体验等。

（三）载体依托：空间智慧化

图书馆空间资源作为公共文化服务重要集成地的作用愈发明显。智慧化多维空间设计不仅是智慧图书馆的重要组成部分，还是提升传统图书馆整体能力的建设需要。在明确功能定位的基础上，应当融合物理空间与虚拟空间，设计智慧空间功能，激活应用场景开发，实现实体物理空间与新型虚拟体验空间的智慧化，并建立空间链接，空间与服务间链接，促使图书馆向多元化智慧空间服务模式转变。还要根据公共图书馆智慧空间建设需要，对传统物理空间的软硬件基础设施进行改造升级，为空间智慧化提供设施设备支撑。图书馆空间的智慧化建设还应与整个城市的智慧化建设协调契合。将图书馆的整个建筑与全部空间嵌入到智慧城市的发展当中，协同智慧城市建设中的其他智慧建设工作，共同为市民提供智慧公共服务。

（四）动力驱动：馆员智慧化

图书馆智慧化健康发展需要营造技术发展生态，而生态的核心就是人才，馆员是图书馆的服务主体，智慧馆员则是图书馆智慧化的灵魂，公共图书馆的智慧化建设归根结底要靠馆员实现，只有智慧馆员才能对图书馆实现智慧管理，进而为用户提供智慧服务，因此，充分利用馆员智慧，发挥馆员主观能动性，是智慧化建设顺利实施的关键。

馆员的智慧培养与能力提升为智慧图书馆建设注入源头动力。一方面，在大数据与智慧化背景下，读者的数据素养、信息素养逐渐提升，而读者自身素质的提升对图书馆服务与馆员素质提出了更高的要求；另一方面，智慧公共图书馆的建设依托于各项智能技术的广泛使用，作为智慧图书馆的服务主体与智慧图书馆的建设者，需要具备较强的技术素养与多元化的知识储备。这就对图书馆与馆员自身均提出了一定要求，图书馆应当加强人才引进与培养塑造，为公共图书馆的智慧化建设提供人才支撑，馆员也应与时俱进，根据需要学习掌握各项智能设备的研发、使用、维护技能。

（五）关键抓手：管理智慧化

智慧化管理是公共图书馆智慧化建设实现的有力抓手，推动公共图书馆管理实现从经验管理到科学管理，从部门管理到流程管理的过渡，能够协调公共图书馆智慧化建设各个要素，并以科学的管理反馈建设效果，调整建设步骤，推动智慧化建设工作稳定进行，引领公共图书馆实现智慧化转型。

公共图书馆智慧管理中对于数据与信息的挖掘利用，将传统图书馆依靠管理者个人经验与背景知识的经验管理，上升到依靠数据分析与知识方案的科学管理，让图书馆管理与决策有数据可依，降低管理成本与决策风险，提升管理的科学性与效率。公共图书馆的智慧化发展推动了图书馆管理流程的变化，原本的部门管理应当根据图书馆新的资源与服务内容进行新的人员重组，按照图书馆项目与服务流程组建新的团队，为馆员间交流学习提供机会，减少重复工作，提升馆员工作效率。

三、公共图书馆智慧化的有效路径

公共图书馆智慧化路径是其智慧化的核心，也是大家最为关注的一个环节，在前文提出的公共图书馆智慧化要素基础上，可针对性地围绕以下几点展开：

（一）完善智慧化设施配备，实现软硬件优化升级

设施设备及其系统平台是公共图书馆智慧化建设的底层基石。公共图书馆智慧化建设需要引进大量技术设备，以软硬件技术升级为智慧图书馆建设提供技术支撑，为智慧图书馆创设良好的工作环境。

智能设备的嵌入是智慧图书馆建设的基本做法。智慧馆藏建设需要智能书架、图书分拣机器人等设备，精简业务流程；智慧服务开展需要可穿戴智能设备、虚拟/增强现实技术设备、超高清视频设备、智能桌椅、智慧咨询机器人等，提升服务效能；在开放阅览区设置可升降桌椅，引进可调节灯光、书架等，优化阅读环境；购买激光切割机、巨幅海报与3D打印机、木工和金属手工制作仪器等工具，建设实体智能工作间，服务创新、创业；安装红外检测、智慧门锁、人脸识别等设备，助力智慧安防。

平台的部署开发与应用系统的智慧化是当前智慧图书馆建设的核心之一。智慧图书馆

建设应依靠平台的全方位支持与引领,搭建标准统一的区域开放共享平台,聚合区域内馆藏、数据、活动、场馆、服务等资源,实现资源统一管理、数据互联互通、服务开放融合、馆员智慧发展的协同发展之路。图书馆应用系统的智慧化能够有效优化图书馆内部业务流程,节约人力资源,提高图书馆工作效率,如优化升级 RFID 管理系统,研发新书出版数据采选系统与图书采分编智能作业系统,推动图书馆集成管理系统的全面智能化升级改造,实现图书馆线上、线下业务的全流程智慧化管理等。

(二) 推动智慧化服务创新,提高智能式服务体验

充分利用智慧科技成果为读者提供更加优质的服务体验。运用智慧技术,提供超越时空限制的智慧服务,引进自助服务机器人,建设 24 小时智慧图书馆,搭建智慧交互系统,完善升级智慧自助服务;拓展服务渠道与方式,在线下馆内服务同时,延伸服务触角,利用社交媒体、直播平台实现多 App 协同服务;融合虚拟与物理空间,探索打造基于全景视频、全息影像的沉浸式与全景交互式阅读体验,为用户提供更加多元的智慧服务,提升读者舒适度与智慧化体验,全面激活创新创造过程中的"用户智慧"。

着力于服务的升级与加工,提供更高水平的智慧深加工服务。为用户提供知识精品,如优化检索算法,升级检索系统,支持读者检索过程的智慧提示与知识链接,提升检索效率与检索精度的智慧检索服务;通过智能传感设备与情境感知技术收集读者数据,进行智慧推荐服务;提供专业、精准的知识信息服务,如为读者学习打造精品资源的智慧课堂服务等。

公共图书馆在做好智慧公共文化服务的同时,还可以拓展服务群体与领域,提供智慧增值服务。

在文旅融合大背景下,与旅游行业联合开展旅游服务,以文促旅;与教育行业联合开展公共教育服务,履行图书馆社会教育职能;与出版行业联合开展出版服务,深化图书馆出版功能;与社交媒体合作搭建读者社区,建立读者间沟通合作渠道,以读者智慧反哺图书馆智慧服务建设。

(三) 打造智慧化多维空间,满足多样式沉浸需求

科学合理的智慧空间定位。明确空间的功能定位是空间智慧化的第一步,智慧公共图书馆构建要求图书馆空间功能专业化发展,因此智慧空间打造,首先需要设计好所需功能。智慧空间的设计应根据其服务功能制定,确保空间的设计与开发能够配合智慧服务的开展。

在确定公共图书馆空间的服务功能之后,进行空间功能的专业化开发与智慧化改造,

利用物联网技术实现虚实空间的立体智慧互联，为用户营造虚实结合、动态交互、沉浸体验的知识获取与交流环境。引入各种智慧技术，对图书馆空间进行智慧改造与建设。依托虚拟现实、增强现实、雷达感应、裸眼3D、360度全息等多媒体互动技术，营造智能化、科技化的体验空间与场景，如提供特定主题的交互式多媒体VR/AR情景剧展示等。

（四）培养智慧化强馆人才，壮大专业化馆员队伍

公共图书馆的智慧化建设应当理念先行，馆员智慧服务理念的培养是智慧图书馆建设的基础。馆员需要从思想上认识到智慧图书馆的建设意义，并以自身努力积极配合智慧图书馆建设工作，在图书馆学专业学科知识、良好的职业精神、协同合作的意识、热情的服务态度、沟通协调能力之外，明确智慧服务理念，主动提升智慧馆藏的建设能力，智慧技术、智慧空间的使用能力，智慧服务的提供能力。

图书馆在明确人才需求、积极引进人才的基础上，优化人才培养机制，加强对馆员能力的培养与塑造。数据时代背景下，智慧图书馆服务的高效率与精准化依赖于馆藏、业务与读者数据的分析处理，服务内容的知识化趋势也要求馆员具备数据挖掘与利用的综合性知识与能力。图书馆可通过多途径开展智慧馆员的技能培训，帮助馆员及时学习与更新个人知识，提升馆员数据获取、加工、存储、管理、分析、利用素养，为智慧图书馆建设培养知识复合型与技术创新型的进取型人才。

搭建沟通交流平台。通过搭建馆内、馆际人员沟通交流平台，加强区域合作等方式提升馆员智慧素养；通过馆员之间的沟通、合作促进馆员显隐性知识的相互转化；通过知识的流动与创造帮助馆员相互学习、共同进步，最终将馆员的经验与知识聚合成馆员的群体智慧。

（五）探索智慧化规范管理，健全高效能运行机制

公共图书馆的智慧化管理，要求图书馆应用智慧化技术手段提高管理水平。智慧化管理框架的建立协调了公共图书馆智慧化建设的各个方面，涉及资源管理、业务管理、环境空间管理、宣传合作等，以求通过健全高效能运行机制，提升图书馆的智慧化与集约化管理能力。完善的标准、规范与管理机制是公共图书馆智慧化管理的重要保障，智慧图书馆建设应各馆协同，标准规范先行，坚持规划明方向、标准定方法、规范定细节、机制保实施。智慧公共图书馆的建设与管理需要科学的规划，明确发展步骤，并根据实际建设情况及时调整完善。标准方面，公共图书馆智慧化建设目前尚没有成熟的标准，图书馆应该在智慧化建设过程中，重视标准探索，积极参与标准制定；制度规范方面，要完善建设经费管理、智慧图书馆建设评估等各项制度规范，同时健全激励机制、协调机制等，保障图书

馆智慧化建设进度。

探索图书馆智慧化规范管理，可重点关注以下方面：

资源管理方面，利用 RFID 技术对图书馆传统馆藏资源进行智慧化管理，通过建立数据中心，运用数据管理系统进行存储与管理，为图书馆提供安全、可靠、高效的海量数据保障，建立图书馆数据的统一共享开放平台，并与区域内其他馆数据平台进行对接。

业务管理方面，通过智慧采选、智慧分编加工、智慧典藏等实现全业务流程的智慧化管理；环境空间管理方面，采用新的智慧安防设备与智慧安全技术为图书馆的物理安全与信息安全保驾护航。

宣传合作方面，通过积极的营销宣传将图书馆的智慧资源与智慧服务推出去，并就智慧图书馆建设与区域内其他馆开展广泛合作，进行资源互联、技术共建、管理协同等。

四、公共图书馆智慧化实践——以上海图书馆为例

读者对智慧服务的需求，要求公共图书馆走智慧化转型之路，上海图书馆在进行图书馆智慧化转型的实践当中，积极应对，融合前沿智能技术，部署升级管理系统，综合运用新媒体提供多样化智慧服务，打造新型复合空间，聚焦知识交流共享，为我国公共图书馆的智慧化实践提供了借鉴和参考。

在智慧系统构建方面，以智慧技术搭建智慧基础设施，优化升级系统功能和平台。2020 年 9 月，上海图书馆正式上线"FOLIO 馆藏管理系统"，是国内第一家上线运行 FOLIO 的图书馆，可以负载智慧情报、数字人文和智慧空间的各类应用。上海图书馆新馆在智慧图书馆应用系统方面重点规划了智慧图书馆服务平台、智慧情报运用、数字人文应用、智慧空间、数据平台和统一服务平台。

在智慧空间打造方面，上海图书馆注重空间功能专业化与创意化发展，打造以文化创意为主题，以"激活创意、知识交流"为主旨，开展各类创新型活动项目的"创·新空间"。这一空间实践也随读者需求不断完善，如通过服务设计工具量表对空间一线服务人员与读者开展调研，重新设计出知识服务区域、学习互动区域、探索区域等不同空间，在高度聚合资源、一站式服务的基础上，结合馆藏特色文献资源、数字技术、创新工具，营造资源融合、学习交流、信息共享的复合型新空间，实现读者、馆员、专家的多向交流。

在智慧馆藏建设方面，上海图书馆采用纸质文献与数字资源并重的复合建设模式，通过购买、捐赠、试用等方式引进数字资源，注重数字资源的多样化与特色化打造；对纸质文献与数字资源进行服务整合，将纸质文献流通服务拓展到移动端，为文献流通的智慧化服务开拓了空间；盘活数据资源，为读者提供各类阅读大数据实时展示，并以读者数据分析结果支持馆藏建设。

在智慧服务提供方面，上海图书馆使用 i Bea-con、位置定位、二维码等移动技术，推出手机 App 服务，即时显示读者位置，并通过 App 与空间设备交互，即时查看图书馆可获取的资源与服务，实现一码认证、一码借书，简化服务手续，提升读者利用图书馆的效率。

上海图书馆较早推出数字阅读，如推出"市民数字阅读平台"，聚合电子阅读资源，支持智能手机、平板电脑、电子书阅读器等多载体、多终端的 BYOD 移动阅读。2015 年利用微信服务号在国内图书馆界率先推出"微阅读"，"上图·微阅读"后台是一个基于 HTML5 规范设计的微站，能方便地嵌入到第三方社交媒体软件和手机软件中，2020 年度微阅读总数达 32.4 万人次，以提供跨平台数字阅读为基础，发展智慧阅读。

上海图书馆综合运用多种新媒体技术，为读者提供无时差智慧服务，通过多种渠道积极推进馆际、地区间公共图书馆智慧服务实践。还利用图书流通大数据提升服务创新能力和用户的阅读体验，如基于大数据技术，打造大数据分析挖掘和大数据可视化平台，根据读者所借图书的特点，通过预测和决策形成包括读者画像分析、个性化推送、借阅推荐、知识推荐等智能服务。

第五章　公共图书馆用户管理与智慧化发展

第一节　公共图书馆的用户及管理意义

一、公共图书馆的用户（读者）

凡是利用了公共图书馆所提供的资源、环境以及服务的个人或团体，都可以称为公共图书馆用户（读者）。

（一）用户权利及其保障

1. 用户权利

一般地说，公共图书馆用户权利包括以下几方面：

（1）文化权利。文化权利是公民的基本权利之一，是指公民在社会文化生活中应当享有的不容侵犯的自由和利益。由于公共图书馆是公共文化设施，因此文化权利是公共图书馆用户应当享有的最基本的权利。包括：参与文化生活的权利、分享文化成果的权利、参与文化活动及文化事务管理的权利、文化创造自由权和文化成果得到保障的权利。

（2）平等地享受公共图书馆服务的权利。《中华人民共和国公共图书馆宣言》中明确规定：每一个人都有平等享受公共图书馆服务的权利，而不受年龄、种族、性别、宗教信仰、国籍、语言或社会地位的限制。确保公共图书馆用户能够平等地享有图书馆服务，是公共图书馆开展用户服务过程中必须遵循的原则。

（3）自由获取信息的权利。公共图书馆在开展服务的过程中应充分尊重用户自由获取信息的权利，应当向用户公开各类文献信息资源收藏情况和布局、服务种类、服务时间，以及与服务相关的各类规章制度等信息，有义务解答用户询问，辅助用户更好地利用图书馆资源和服务。

（4）用户隐私得到保护的权利。公共图书馆在开展服务的过程中，不可避免地会收集和掌握用户的部分私人信息，如用户的姓名、地址、单位、身份证号码、联系方式、阅读习惯等，图书馆有义务对这些信息尊重和保密，确保用户个人信息不向外泄露，也不利用这些信息侵扰用户的生活。《中华人民共和国公共图书馆法》（由第十二届全国人民代表大会常务委员会第三十次会议于2017年11月4日通过，自2018年1月1日起施行）

2. 用户权利保障

公共图书馆保障用户权利有四个方面的措施：

（1）法律保障。要保障用户的权利，公共图书馆开展各项工作，首先要遵循《公共图书馆法》（世界最早的图书馆活动法：1850年《曼彻斯特公共图书馆法》，《中华人民共和国公共图书馆法》2017年11月4日十二届人大三十次会议通过，2018年1月1日施行），还要遵循其他相关法律，如涉及馆藏建设的呈缴本方面的法律、涉及数字资源建设的著作权方面的法律法规，涉及网络传播方面的法律法规等等。这些法律法规是公共图书馆开展各项工作必须遵守的基本原则，也是对用户享有图书馆各项服务的根本保障。

（2）服务理念。要保障用户的权利，公共图书馆开展各项服务工作必须要有先进的服务理念作支撑和导向。关于具体的服务理念，我们要在公共图书馆服务中专门讲解。

（3）行业规范。公共图书馆也有自己的行业行为规范和业务工作准则，并以此作为筹划资源建设、规范用户服务、提升管理科学性、提高服务质量的制度化措施，来规范公共图书馆的行为，保障用户权利。例如，2012年5月1日起，国家质量监督检验总局、标准化管理委员会发布了《公共图书馆服务规范》，对公共图书馆的服务提出了科学的、严格的要求。

（4）技术措施。目前，在公共图书馆的各项业务工作中，数字资源发现与获取、数字版权保护、远程访问控制、读者信息管理等多个方面，都有成熟的技术解决方案，为用户权利保护提供了自动化系统的保障。

（5）社会教育。由于公共图书馆是一个面向全社会开放的文化机构，公共图书馆的建设是一个需要全社会共同参与的工作，所以，社会教育是保障图书馆用户权利的一项重要工作。对内，要加强馆员的法律意识，强化职业道德和业务规范的教育；对外，在用户层面，我们要进行公共图书馆服务相关法律政策和业务规范的宣讲，将有助于图书馆用户树立正确的法理意识，了解保护自身权利的正确方法和途径。在社会层面，进行广泛宣传，将有助于相关政府部门和全体公众正确认识和把握公共图书馆的特点和服务属性，有效监督公共图书馆的工作，对公共图书馆事业的发展给予更全面的理解和支持。

3. 用户培训

公共图书馆有计划、有目标、有步骤地开展用户培训工作，既是公众的文化需求，也是公共图书馆必须履行的职责，更是图书馆提高资源利用率、拓展服务的有效方法。

(1) 培训的主要内容。

图书馆基础知识。这是最为基础、最为重要的培训，可以帮助用户了解图书馆基本概况、馆藏资源特点及布局、文献分类常识和查找方法、各类服务介绍等知识，为用户更好地利用图书馆奠定良好的基础。

图书馆资源与服务推介。介绍图书馆最新的资源和服务，使用户能从众多类型的资源和服务中迅速锁定自己所需要的。

文献信息检索技能培训。这是提升用户信息素养的一种比较综合的培训，它教会用户在合理的时间内从种类繁杂、数量庞大的各类资源中获取有用信息，旨在帮助用户更为全面地掌握信息加工和处理的方法，更好地驾驭信息工具。

此外，还可根据用户的需求举办计算机应用能力培训、外语培训等等，以提升公共图书馆的社会影响力，培育潜在用户。

(2) 培训的主要方式。

到馆用户培训。一是在专门的教室培训。目前很多图书馆都有系统的用户培训计划，在固定的时间和地点进行。二是与图书馆日常工作相结合对用户进行辅导。这是图书馆参考咨询工作的重要方式。用户在使用图书馆的过程中，可以随时得到馆员的指导和帮助，解决遇到的问题。这种培训贯穿于图书馆服务工作的始终，它可以强化用户的服务感受，提升用户满意度。

用户所在机构的现场培训。针对某一机构的用户进行培训，可根据他们的特点和需求设计课程，易形成培训讲师与用户的互动。

远程培训。通过各种媒体和网络进行培训。大多数图书馆采用集中面授与借助网络进行远程教育相结合的方式开展用户培训。远程培训主要有两种方式：一是开设专门的网络培训平台或者是培训栏目主页。图书馆制作专门的培训录像、交互式培训课件或培训讲义，上传到网上加以传播，有的图书馆通过虚拟参考咨询系统向用户提供远程辅导，远程培训具有成本低、服务范围广、便于维护等特点。二是利用广播电视网络进行培训。广播电视网络是用户培训的新平台。目前国家图书馆等先进图书馆已经建设有数字电视频道，通过有线电视网络播放培训教育节目，既经济又便捷。

（二）用户满意度测评

用户满意度测评是公共图书馆服务质量评价的重要组成部分。它的基本流程主要包括9个环节：

1. 明确测评目的

我们在进行用户满意度测评方案设计时，首先要明确测评的目的是什么，明确是对图书馆的整体服务进行测评、还是对某一项具体服务措施进行测评。

2. 确定测评对象

根据测评的目的和内容，选择适当的对象参与测评，既保证测评对象具有广泛性和代表性，同时又保证测评对象与测评内容相一致。

3. 明确测评指标体系

根据美国的最新研究成果，图书馆测评的指标共分 22 个指标，此外还包括 8 个附加指标。

4. 问卷设计

问卷设计是测评工作中最为关键的一个环节，它决定着测评工作能否达到预期目标。问卷一般包括背景介绍、填写说明、测评对象基本情况和测评问题等内容。

5. 确定抽样方法

对于任何测评，都不可能面向全体用户开展，一般采取随机抽样的方式确定测评对象。

6. 实施调查

问卷调查可以采取当面问询、信函、电话、网络等形式进行。

7. 数据整理及分析

对回收的问卷进行整理和分析。首先剔除无效问卷，然后根据不同维度和指标进行问题分类和汇总，并通过图表对汇总的数据进行可视化处理。

8. 编制测评报告

首先完成测评统计分析，然后将测评的背景、目标、测评指标设计、调研情况、测评数据分析、测评结果分析等内容汇编成册。

9. 制订改进方案

根据测评发现的问题，逐一对问题产生的原因进行阐述，并制订出有针对性的、可行的服务改进方案。

二、公共图书馆用户管理及其意义

公共图书馆与用户之间的关系，好比鱼和水，用户为公共图书馆提供了生存空间，用户越多，空间越大。从这个意义上来说，公共图书馆的大与小不完全由馆舍大小、馆藏多少来决定，而更多取决于有多少用户、有多少利用率。用户多，供不应求，小馆就成为事实上的大馆。

毋庸置疑，用户是公共图书馆的服务对象，但用户同时也是公共图书馆的资源。本书所讲的用户管理，将作为服务对象的用户，通过管理用户信息，了解其需求、利用习惯、利用规律，甚至影响其习惯，便于更好地提供服务；将作为资源的用户，通过掌握其可支配资源以及社会责任感等信息，建立联系，激励其参与公共图书馆服务，以扩大公共图书馆的可利用资源。

（一）公共图书馆用户管理的概念理解

公共图书馆用户是一个发展的概念，是从最初的读者演化过来的。"用户"与"读者"在本质上并无区别，现已在图书馆学界交替使用，本书为了论述引用方便，默认二者含义等同。

公共图书馆用户管理是指管理者根据公共图书馆的目标和任务，对用户进行调查研究，了解其利用公共图书馆的需求，需求的强弱、特点和规律，协调其同公共图书馆的关系，为公共图书馆的各项工作提供可靠的依据，以及激励用户参与公共图书馆事务，为公共图书馆服务提供人力、物力、财力支持的过程。简言之，就是发现用户、研究用户、开发用户和激励用户，即挖掘潜在的用户，使他们逐步变成现实的用户，对老用户以不断提高的服务留住他们并努力提高他们的忠诚度。其目的就是要在公共图书馆树立"以用户为中心"将用户作为一种重要的资源的用户文化理念，通过各种渠道发现、了解、预测、开发、管理用户资源，并通过满足用户的需求、提高用户满意度来改善用户关系，进而与用户建立长期稳定的发展关系，以支持图书馆目标的实现。

（二）公共图书馆开展用户管理的意义

1. 有利于培养馆员的用户意识

用户是公共图书馆的生命线，也是公共图书馆最具活力的资源，已经成为公共图书馆发展的决定性力量。开展用户管理将促使馆员不断培养用户意识，树立"以用户为中心"的服务理念与服务宗旨，一切以用户的需求为重，实现更优质的公众服务和用户关怀。具体原因在于如下几方面：

（1）用户是公共图书馆生存的基础。

首先，图书馆是为用户存在的，用户是公共图书馆赖以生存的基础。没有了用户，公共图书馆就成了无皮之毛、无源之水。封建时代的藏书楼蜕变为图书馆，正是应了用户的需要而产生的。正是广大用户的需要，公共图书馆才从无到有，从小到大地壮大起来，而且随着用户需求的发展而发展。因此广大用户及其需要是公共图书馆产生和发展的原动力，如果没有用户，公共图书馆就失去了存在的价值和意义。

其次，用户的利用是图书馆生存与发展的关键。一个图书馆的功能价值体现的程度、文献资源的开发利用水平，都取决于用户的数量、质量和使用图书馆的效益和效果。图书馆作用的发挥主要依赖于用户的利用，而图书馆的建筑、藏书、设备技术等都是为用户服务的，所以说只有通过用户的使用才能体现图书馆的作用和存在的必要性。

最后，关注用户等于关注图书馆的未来。用户是公共图书馆的利用者，但并非公共图书馆内部的构成要素，是与公共图书馆外部相关的，并与其相矛盾的独立存在的主体。在供需关系中主体是用户，属于认知公共图书馆并进行阅读活动的人；客体是公共图书馆，即同主体相对的客观存在，属于主体认识和改造的对象。这如同大众传播的受众属主体，传播者属客体一样，客体必须依从主体，并适应主体的需求。以用户为主体的思想要求公共图书馆在观念上有如下三个转变：①把"读者是图书馆的读者"转变为"图书馆是读者的图书馆"。②把"读者应该适应图书馆的要求"转变为"图书馆应该适应读者的要求"。③把"图书馆提供什么服务，读者就接受什么服务"转变为"读者需要什么服务，图书馆就应提供什么服务"。只有这样，公共图书馆才能得到可持续发展。

（2）用户是公共图书馆工作的评价主体。

用户对公共图书馆工作是否满意，是由用户的感知与期望所决定的，用户是公共图书馆工作的评价主体。公共图书馆建设和发展的情况如何，为读者提供服务的质量如何，都要由读者来衡量和判断。

一个图书馆办得好不好，主要依据读者对利用图书馆的希望程度、读者对服务项目和服务标准的信誉程度、读者对服务人员素质和服务水平的认可程度而作出评价。读者的评价一般表现在三个方面：一是读者对文献。文献是否符合读者需求，必须由读者作出判断。二是读者对图书馆员。图书馆员的服务态度、服务能力、服务效果必须由读者进行鉴定。三是读者对图书馆工作。图书馆的各项业务、规章制度、服务项目及设施是否符合读者的利益与要求，必须由读者评价。

（3）用户有权选择公共图书馆服务。

我国《宪法》第四十七条规定："中华人民共和国公民有进行科学研究、文学艺术创作和其他文化活动的自由。"《中华人民共和国消费者权益保护法》第九条规定："消费者享有自由选择商品或服务的权利。"这些法律规定充分表明，读者具有自由选择知识产品、知识服务的权利。在现实情况中，公共图书馆是图书馆服务产品的提供者，广大读者和用户是公共图书馆服务产品的利用者和消费者，他们有权选择图书馆服务，这种选择性就蕴含了供方的竞争。因此，作为文献信息服务提供者的公共图书馆，在读者和用户自由选择利用图书馆的竞争机制下，必须努力提高服务质量和水平，为社会提供优质的服务以满足读者的需要，否则将会被时代所淘汰。

现代信息技术为公共图书馆的服务延伸和创新提供了更多可能，但也为其制造了越来越多的信息服务领域竞争者，对公共图书馆服务价值提出了巨大挑战。在网络化环境下，用户利用文献信息资源的方式和手段发生了根本性变化，公共图书馆不再是用户唯一的查询资料、获取信息的场所。尽管公共图书馆已经进入了免费开放时代，但读者在接受无偿服务时已经有了付出。且不说是不是纳税人问题，就因为利用图书馆，读者会发生一系列的交通成本和时间成本，时间成本上还包括了因读者在利用困难时多花费的时间成本，图书馆服务不友好所发生的潜在时间成本等，如果这些成本对于读者来说过于沉重，读者将会作出不利用公共图书馆的选择。在为当地居民提供公共服务以及政府购买双重理念的影响下，用户的数量将在很大程度上决定政府对公共图书馆的投入。因此，如何通过丰富馆藏、改善服务、优化阅读环境来赢得读者，已成为公共图书馆工作的重中之重。

2. 有利于提高用户的满意度

公共图书馆工作的最终目标就是以良好的服务让读者满意。开展用户管理将促使公共图书馆一切工作都是围绕读者这一中心、围绕读者的信息需求进行，千方百计满足用户需求，想方设法提高用户满意度。

（1）用户满意的含义。

满意是对需求是否满足的一种界定尺度。当用户需求被满足时，用户便体验到一种积极的情绪反应，这称为满意；否则即体验到一种消极的情绪反应，这称为不满意。用户对公共图书馆的服务有着最直接的体验和感受。用户是否满意直接反映了公共图书馆的社会效果，对后续需求的产生有直接的影响，是衡量公共图书馆工作质量的尺度。

根据顾客满意（CS）理论，用户的满意需要从理念满意、行为满意和视觉满意三个方面去衡量。对于某个公共图书馆来讲，理念满意是指该馆的服务理念带给读者的心理满意状态，包括读者对该馆所确立的服务宗旨、服务战略、服务精神、服务信条、服务风格等的满意状态。行为满意是指该馆的服务行为带给读者的心理满意状态，包括对行为规则、行为效率、行为方式、行为语言等的满意状态。视觉满意是指该馆服务中可视性的外在形象留给读者的心理满意状态，包括对服务名称、导引系统、环境美化、文字规范、设施格局、建筑标志、物品陈列、装饰色彩、人员服饰等的满意状态。

（2）满意度的内容。

满意度是指用户接受公共图书馆服务的实际感受与事先期望比较的满足程度。满意度是对公共图书馆工作的全面评价，是满足度、便利度、关心度等评价指标的综合体现。

一是满足度。即公共图书馆所提供的文献信息服务满足读者需求的程度，可通过文献保障率、文献借阅率等指标来表示。满足度主要反映公共图书馆服务中文献资源的存取及其链接的能力。

二是便利度。即公共图书馆为读者利用文献资源提供方便的程度，包括馆址是否适中、交通是否方便、服务布局是否合理、标示系统是否完备、检索系统是否高效、参考咨询与导读系统是否健全、残疾人服务系统是否完善等。

三是关心度。即公共图书馆对读者给予的关心、关切和照顾程度，具体表现为公共图书馆工作人员在提供服务过程中情感的投入程度，如工作人员对待读者热情、诚恳、耐心、周到的服务程度以及对弱势读者，如残疾人、老人、儿童等读者的关切与关怀程度。

3. 有利于图书馆改善服务

用户管理的成果为公共图书馆修订和完善政策、提出改进工作的重点和措施提供了科学依据，直接指导着公共图书馆各个方面的工作。因此，开展用户管理有利于图书馆改善服务，是公共图书馆进行决策的基本需要。公共图书馆应自觉利用用户管理的成果，指导其他工作的开展。

图书馆的所有服务活动，都是围绕用户的需求开展的。公共图书馆用户的需求具有多样性和复杂性，更好地满足用户需求是公共图书馆一切工作的出发点和归宿，要达到这一目的，就必须开展用户管理工作。通过用户管理，公共图书馆可以随时收集和分析用户反应，研究和了解用户对图书馆服务、资源及环境各方面的要求，及时调整或补充文献资源，改进服务，改善环境，把决策和行动建立在对用户信息数据分析的基础上，实现对具体用户进行具体需求分析和提供有针对性的服务，最大可能地满足用户的各种需求。

第二节　公共图书馆用户信息对管理的影响

用户信息是指用户在使用图书馆资源、接受图书馆服务时，所产生的一切与用户有关的信息。在这里，"用户"不仅包括实际到馆利用公共图书馆资源的读者，也包括接受图书馆信息推送、参考咨询等远程服务的读者，还有通过网络等途径远程利用公共图书馆资源的读者。而"信息"也是取其广义，既包括浅层次的一般性的用户数据，也包括深层次的具有个性的、需要通过分析才能得到的信息。用户信息集中反映用户对图书馆资源与服务的需求，是公共图书馆馆藏发展政策和服务政策的决策依据。

一、公共图书馆用户信息与馆藏发展政策

馆藏资源是吸引公众利用图书馆的重要因素，也是图书馆为读者服务的最重要的物质基础。馆藏资源不仅包括印刷型文献，也包括电子信息资源及经过整序的网络信息资源。一个均衡及多元化的馆藏，可以满足社会不同年龄、教育程度、社会及经济背景的人群对信息、研究、自学及休闲的需求。

馆藏发展政策是一个图书馆系统地确定本馆文献资源长期发展策略以及具体实施的规范的纲领性文件。具体而言，即图书馆根据自身的定位、任务和用户需求，制定相应的有关藏书的收集范围、采访原则、采访标准、采访级别、采访细则、采访计划等基本政策，有计划地、科学地进行选择、收集、组织、保管、复选、剔除文献等全部的业务工作。

馆藏建设的合理化发展离不开用户信息分析。了解用户信息是开展馆藏建设工作的前提，只有建立在用户信息分析基础之上的馆藏建设才能更加科学合理。用户信息反映用户的层次类型、知识结构、阅读目的、阅读范围和兴趣；反映馆藏资源的被利用状况；反映用户对现有馆藏的满意度；反映对馆藏的需求、意见和建议，因此，用户信息是对馆藏资源建设情况作出的客观评价，它能验证公共图书馆资源结构的合理性，是制定或完善馆藏发展政策的参考依据。

评价馆藏资源的指标包括：①馆藏利用率，馆藏利用率是在一定时间内读者实际使用的文献数量除以馆藏文献总数的比率。②平均每册图书的流通次数。③平均每千人年新购置馆藏数量。④人均馆藏册数。⑤各类电子资源的访问、下载数量等。公共图书馆除了开展统计外，还可通过用户调查获得这些信息，作为调整馆藏发展政策的决策依据。

二、公共图书馆用户信息与服务政策

图书馆服务政策是指图书馆组织机构为长期服务社会，针对特定的服务对象，对图书馆服务提供的服务项目、服务内容、服务细则以及服务时应遵守的法律法规所制定的一系列条例和准则，是服务工作总的导向性行动指南。它是图书馆服务工作发展的重要保障，同时也是读者和用户使用图书馆的路标。

一个图书馆的服务政策是否满足用户的需求，是否能够发掘用户需求，都可以从用户对图书馆服务的评价中得到答案。通过调查用户信息，可以查核图书馆服务目前人、事、物的状态，检测服务理念、服务目标、服务项目、服务方式等有无修改的必要。例如，某图书馆向读者调查关于本馆开放时间的意见，当大多数读者认为开放时间不合理时，该馆

就要根据读者的需求对本馆的日常开放时间和节假日开放时间作出相应的调整。

与图书馆服务相关的用户信息有：①借阅服务，包括是否会查找所需文献、获取所需文献的时间、对使用方式（预约、预借等）是否满意、对馆员的服务态度是否满意等。②网络信息服务，包括平均每千人访问图书馆主页的比例、服务中是否保护用户个人信息等。③参考咨询服务，包括回答咨询问题的准确率、是否满意咨询服务的响应时间、对服务方式的需求（是否开展原文传递等）。④读者活动，包括讲座主题是否符合当地听众需求、展览主题和形式是否符合需求、阅读推广活动是否有助于各类读者增加阅读量并养成阅读习惯等。⑤特殊群体，包括儿童、老人、残障人士、弱势人群等对服务的要求。公共图书馆可通过用户调查获得这些信息，作为调整服务政策的参考依据。

三、公共图书馆用户信息保护

图书馆用户信息保护是指防止第三方获取图书馆用户信息及当这种信息需要与第三方共享时，图书馆实施控制的能力。用户信息保护是用户管理中的一项经常性工作，包括个人信息和机构信息的保护。用户的个人信息属于个人的隐私，机构信息有可能涉及商业秘密，均具有保密性，公共图书馆都应对其实施保护。

（一）制定隐私保护政策

隐私是指私人信息不受他人非法采集和公开，以及私人生活安宁不受他人非法侵扰。凡用户信息，包括个人资料、阅读记录、通信地址、获取知识的倾向、个人生活情况等均属个人秘密、隐私。随着信息技术在图书馆服务过程中的充分利用，使得公共图书馆调用用户信息十分方便，图书馆员不但可以检索到读者的借阅流通记录，同时还可以检索到用户在网上搜索和进行数字参考咨询服务的相关记录，这样，图书馆内的隐私问题就越来越受到重视了。

为了增加对用户信息保护的透明度，同时为了让用户在披露个人隐私信息时感到安全，图书馆采取的最简单有效的办法就是制定一份隐私政策声明，将其在馆内和本馆网站上公布，并严格遵守这一政策。隐私政策声明的功能主要体现在两个方面：（1）告知功能，通过公告，明确地告诉用户，图书馆在何种情况下收集个人资料、收集的目的和内容、个人对数据资料享有的权利。（2）制约功能，此功能是前一功能的必然延伸，公示权利和义务的目的是为了遵守规则，而制约是规则本身的应有之义，当事人如违反规则，理应接受法律上的不利后果。

隐私权是个人对隐私支配的权利。图书馆制定隐私保护政策，也是尊重用户隐私权，保护用户合法权益的重要表现。一般来说，公共图书馆在隐私政策中都会声明自己收集的用户信息只是用于图书馆服务的改善、提高图书馆服务的质量和统计用户的数量等目的。图书馆在一般情况下，按照有关的规定不能公开用户个人信息。但是，在法定的特殊情况下，图书馆可以将用户的个人信息公开给相关的政府部门。

（二）用户调查的用户信息保护

用户信息保护要求图书馆将与用户有关的图书馆记录作为机密，防止第三方获取并控制其利用。当图书馆开展用户调查，需要收集用户信息时，应明确告知对方收集的目的，对用户的注册和流通信息应该严格保密，保证用户信息不外流。图书馆在做完统计汇总之后要将原始调查问卷封装保存，汇总数据专人专用，以防用户的基本信息泄露，给用户带来不必要的麻烦。

（三）信息服务的用户信息保护

在图书馆为用户提供信息服务的过程中，用户与图书馆员之间往来的书面记录、电子邮件、短信咨询、在线聊天内容等都会涉及用户的机密，公共图书馆应对所有用户的使用记录进行平等保护。

1. 个性化信息服务中的信息保护

个性化信息服务是指图书馆根据用户的特定需求，向用户主动、及时、准确地提供所需信息和知识的一种推送服务。它主要表现为两个层次：①按用户要求进行信息定制。②挖掘用户兴趣模式，为其主动提供需要的服务。在信息的定制过程中，用户的信息需要传给代理端以进行用户建模，会留下用户的个人基本信息、学术兴趣、在研课题和研究方向等细节，定制成功后形成的个性化页面（我的图书馆）更是属于用户的专属空间，其中链接的学科资源、用户订阅的 RSS 信息等，都属于机密。在为用户主动提供所需服务的过程中，系统运用数据挖掘技术对用户的反馈评价信息、服务器日志等网络使用记录进行分析和挖掘，实现对用户的信息需求和潜在需求的动态跟踪、分析和预测，同样存在着用户信息被泄露的风险。因此，图书馆在开展个性化信息服务中特别要重视对用户信息的保护。

2. 参考咨询服务中的信息保护

图书馆在开展参考咨询服务的过程中，会掌握大量的用户电子邮件地址和用户所咨询的参考问题，这些问题反映了用户的科研动向、兴趣爱好、所关心的问题等，在未经用户同意的情况下，图书馆应对用户查询或获取的信息、咨询及传递的资源予以保密，保证不将用户邮件地址和问题滥用或传递给第三方。图书馆在收集咨询者用户信息前须征得用户的同意,并明确告知修改与更新资料的程序,让用户对其个人资料享有一定的自主权利,杜绝对用户信息的恶意、无聊地外露和扩散。

3. 网络服务中的信息保护

用户访问图书馆网站,在进行创建、查看、编辑时,服务器上常常会记录大量的用户信息,如用户的 IP 地址、用户访问的时间、浏览的网页等;在提供手机图书馆服务中,会掌握读者的手机号码。图书馆在利用网络提供服务的过程中,要对这些用户信息给予保护,不公开、编辑或透露用户信息。馆员要向网络用户说明转移资料的可能性、查阅及修改资料的权利及保护措施。另外,还须防止业务系统的漏洞,避免用户信息在网络上泄露、流传或转卖。

4. 企业信息服务中的商业秘密保护

公共图书馆在为企业服务中可能会接触到企业的技术信息①。另外,图书馆在为企业开展信息服务的过程中,企业的信息需求本身就说明这个企业在关注什么,可能在开发相应的产品,这也可以成为竞争对手了解该企业的情报,因而构成企业的商业秘密。商业秘密是以秘密状态为必要,商业秘密的这一特殊性要求馆员在服务中树立保密意识,担当保密责任,为权利人保守商业秘密,维护权利人的合法权益。

(四) 馆员与用户共同提高保护意识和能力

图书馆在用户管理过程中,一方面,要加强工作人员职业道德教育,树立保护用户信息的意识;另一方面,还须加强用户教育,提高用户自我保护能力。

一方面,图书馆要加强馆员的职业道德教育,增强保密意识,构建用户信息保护的自律机制;另一方面,要了解图书馆保护读者隐私政策措施的实质。例如,公共图书馆内禁止拍照,国内许多有此政策的图书馆中的大多数馆员并不了解禁止拍照是为了什么,只知是图书馆的规定。殊不知,禁止拍照是为了保护读者隐私。所以,图书馆不仅需要制定保护读者隐私的政策,以制度约束馆员的行为、约束读者的行为,而且需要对这些政策做好宣传和培训,使全体馆员不仅懂法,也懂得尊重和维护用户的人格尊严和法律人身权利,更懂得如何切实开展隐私的保护。

为了使用户隐私权受到的威胁降到最小化,图书馆可以采取相应的防范措施,使用户信息的保密及安全得到必要的技术支持,确保用户信息安全。同时,要引导公众正确使用用户信息保护技术,包括用户信息的表示与识别技术、通信隐私以及安全存取技术等,以

---

① 技术信息可以是完整的技术方案、阶段性的技术成果以及有价值的技术数据,也可以是针对特定技术问题的技术诀窍。

实现用户的自我保护，这是用户信息保护最基本的屏障。图书馆还要开展用户教育，将用户信息保护纳入用户教育内容之中，向用户宣传和介绍图书馆用户信息保护的政策和章程，向用户讲授用户信息自我保护的具体方法，提高用户的自我保护意识和能力。

第三节 公共图书馆用户调查与合作

一、公共图书馆用户调查

图书馆的服务质量、服务效果如何，只有通过用户调查才能获知。用户调查是公共图书馆收集用户信息、研究了解用户的最主要的方法，内容包括确定目标后，设计调查方法，选择调查的范围，实施、分析研究得出结论并予以评价，研究对策。用户调查能提供大量具体生动的材料，可以使图书馆广泛了解用户的各种需求和想法，了解读者对图书馆的认识，能为研究用户和图书馆的建设提供有价值的参考资料，对于改进图书馆工作，促进图书馆学研究，都具有重大的实践意义。公共图书馆必须时刻关注用户的信息，把握用户需求的变化，做好用户的调查工作，把决策和行动建立在对用户调查研究的基础上。

（一）公共图书馆用户调查的类型

1. 全面调查

全面调查也叫普查，它是对被研究对象所包括的全部单位无一遗漏地加以调查，以掌握被研究对象的总体状况的过程。这种调查方法收集到的信息最全面，最能充分反映调查对象的实际情况，不会失真。但是这类调查需要动用较多人力、物力、财力，花费较多时间，计划组织和实施的工程浩大而复杂。由于资源的限制，公共图书馆一般很少用这种方法对用户进行调查。

2. 典型调查

在对所要研究的对象有初步了解的基础上，有计划、有目的地选择若干有代表性的典型单位进行周密系统的调查的研究方式。典型调查希望能通过对典型的调查达到了解全面的目的。这种方法对资源的占用不多，比较容易进行系统、深入的分析研究。然而，由于典型的选择容易受到调查者主观所左右，会使得典型不具备客观性，调查结果很难完全反映总体情况。此外，典型个体与总体之间总是存在差异的，因此，典型调查结果的代表性不会很充分。在公共图书馆用户调查中很少采用这种方法。

3. 抽样调查

从研究总体中按照一定的方法选取部分对象（样本）进行调查，以样本的调查结果来说明或代表被研究总体的情况的方法。抽样调查是获取用户资料的重要手段，它的本质特点是以部分来说明或代表总体。使用抽样调查的方法，能够弥补全面调查的短处，但是前提是抽取的样本必须能够说明或代表总体的特征。由于随机抽样的理论基础是概率论与数理统计，它们保证了每一个被研究的总体单位都有同样的机会被抽到，当样本容量达到一定程度的时候，样本的特征就较好地代表了总体的特征。因此，公共图书馆用户调查研究常采取抽样调查方式，如访问和问卷调查都属于这一类型。

实施抽样调查前制订抽样方案十分重要。从调查对象的总体中，所抽取的样本是否具有代表性，有多大的代表性，都与抽样方案紧密相关。图书馆在设计抽样方案时，首先，需要明确界定样本容量，要从成本最低而又不至于损害样本的代表性这两方面考虑样本容量；其次，要选择恰当的抽样方法，在可能的情况下，应该尽量采用随机抽样这一科学的抽样方法。

（二）公共图书馆用户调查的具体方法

用户调查的具体方法有文献调查法、实地考察法、信息反馈法、访问调查法、问卷调查法等多种形式。其中，访问调查和问卷调查是两种较为实用和常用的方法，在实际调查过程中，公共图书馆往往综合采用多种方法同时进行。

1. 文献调查法

文献调查法是指图书馆通过调查与用户有关的各种文献资料来开展研究工作的一种方法。这是第一手资料不够用或不可能取得第一手资料，而又有第二手资料可用时常常采取的收集资料的方法。其调查内容包括各种文献、用户登记卡、服务工作记录、咨询记录等各种资料。这些调查内容从不同的角度揭示用户的需求和利用情况，因此，我们可以从某一途径进行某一方面的研究。公共图书馆最常用的是从读者的登记、借阅、咨询记录来提取用户信息。这种方法多以分析为主，如从用户登记信息中弄清楚用户的结构及信息需求，从读者借阅文献的重点分析出读者希望阅读何种图书，以便在此类新书上架时可以及时通知读者。

2. 实地考察法

实地考察法是指调查人员通过耳闻目睹或参加其具体活动而进行的调查方法，如实地参观、参加课题研究等。通过实地考察，可以及时捕捉到一些难以明确表达或难以传递的信息，可以观察到文献资料上无法看到的现象。另外，通过现场获取的信息大部分是第一手信息，具有直观、形象、真实、生动、可靠的特点。

3. 信息反馈法

信息反馈法是指利用用户反馈信息，进行用户调查的方法。对于图书馆所作出的一切努力，用户总会作出有意识或无意识、主动或被动的反应，这就是用户反馈。一般来说，用户向图书馆反馈的信息越多，他们就越能得到自身需要的信息产品和服务，也就越能获得更高的用户体验价值。公共图书馆可在用户咨询、用户培训、与用户联络等过程中直接获得用户反馈信息，也可以通过书面征询来获得反馈意见。这种调查方法只能从少量零星的用户反馈信息入手，展开分析研究，因此调查结果缺乏普遍性和全面性。尽管如此，由于用户反馈信息具有可靠、具体的特点，所以该方法正日益引起人们的重视。

4. 访问调查法

访问调查法是指通过对读者进行随机采访，向读者了解情况的一种方法。该方法一般用于调查当前社会关注的图书馆热点问题，包括面对面访问、电话访问及网络在线访问等几种方式。这种方法很灵活，调查结果比较可靠，但是难度较大，需要访谈者具有很高的技巧。在调查过程中，访谈人员要注意与读者建立好感，使读者对其感到信任，从而愿意提供信息。访谈者提问时要掌握谈话的技巧，一般不要涉及敏感话题，问题的提出要明确，不能含混不清。在谈话过程中，访谈者不要流露出个人的喜好倾向，不要引导读者回答出所期望的答案，要根据读者的语言理解程度提出问题，要注意控制访谈的节奏和气氛，掌握访谈的方向。访谈结束，应对被访者的合作表示感谢并对占用了被访谈者的时间表示抱歉。

5. 问卷调查法

问卷调查法是指图书馆按统一设计的问卷，向读者了解情况或征询意见的一种方法，是目前公共图书馆用户调查中最常用的方法。这是因为：首先，问卷的设计是标准化的，便于大规模地开展，也便于资料的整理和进行定量的分析，使用问卷法可以节省大量人力、物力和时间。其次，问卷调查是间接的，调查者与读者不直接接触，读者在回答问题时不会受到干扰。最后，问卷调查不受时空的限制，使用灵活，适合于各类问题的调查。公共图书馆可以定期或有针对性地开展问卷调查，在醒目的地点设置调查问卷发放处，专人负责在图书馆相关位置收发调查问卷或通过门户网站开展网上问卷调查。

问卷调查中最重要的是问卷的设计。由于调查过程中调查者不与用户直接交流，对用户需求理解的正确性和可靠性完全取决于问卷本身，因此，只有通过精心设计的问卷才能得出有用的调查结果。问卷通常包括封面信、指导语、问题等几个部分。封面信部分只是简单地说明问卷的目的，及表示对被调查者的感谢。在指导语中一般要说明问卷的回答方式及回收时间。

(三) 公共图书馆用户调查工作的开展

图书馆开展用户调查关键在于每次的调查要有针对性、便捷性和实效性。公共图书馆在开展用户调查之前，一定要明确调查的目的，根据目的，确定调查的对象、需要了解的信息内容以及采取的调查方法，继而开展具体的用户调查，以获得详尽的资料，最后对调查结果进行归纳、整理与分析，得出结论。如果是用户结构类的调查，最好是定期（如每年）开展，这样便于纵向比较，可以获得更大的价值。

1. 用户调查的目的

公共图书馆用户调查的目的多种多样，从宏观来讲，主要是通过了解用户对图书馆各种相关问题的看法、对公共图书馆的希望与认识，为确立公共图书馆今后的发展方向提供依据。从微观来讲，主要是通过了解用户利用公共图书馆的情况，为确立公共图书馆的工作目标提供依据。

2. 用户调查的内容

主要包括用户的个人情况、用户使用图书馆的情况、用户对图书馆各种相关问题的看法及对公共图书馆的希望与认识等。

（1）用户个人信息。包括用户名称、地址、联系电话、电子信箱、个人年龄、教育水平、职称、专业、工作单位等一些有关用户的基本资料。这些基本情况的信息是图书馆进行读者服务的基础，用于图书馆与用户之间的沟通和联系，比如，预约通知、催还通知、活动通知等；也有利于图书馆掌握用户的类型、结构和特点，有针对性地为用户服务。

（2）用户需求信息。包括特殊读者需求、服务方式需求、阅读环境需求等信息。通过直接调查读者的阅读倾向、检索方式、阅读习惯，图书馆可以方便、直观地了解读者的信息需求以及在信息需求上的差异、特点和规律，据此完善馆藏结构和服务政策。

（3）用户的评价。包括用户对图书馆服务的态度和看法、读者的满意度、接受服务过程中存在的问题、用户的建议等。这些资料反映了用户对公共图书馆的作用、影响、服务重点等问题的看法，有利于图书馆了解自身的不足，确立今后发展的目标和方向。

（4）用户的行为。包括读者的到馆率、文献的借阅率、服务的利用率等信息。态度方面的内容可能存在主观、片面的问题，而实际的行为更能真实反映用户与图书馆之间的关系。比如，从读者的到馆率、读者在图书馆的时间长短能分析出读者对公共图书馆的忠诚度；从读者借阅文献的种类、数量能分析出读者的阅读范围和倾向；从读者对图书馆提供的各项服务的利用率中可以分析出读者对公共图书馆各项服务的需求。

3. 调查结果的整理

调查结果的整理包括对调查的结果进行分类汇总、统计分析、存档保管、详细记录采取的相应对策等过程。图书馆在做完调查后，要对调查结果进行分类汇总。根据不同的调查目的，调查结果有多种分类方法，可以根据用户个人特征、用户行为方式、亟待解决问题等进行分类。例如，对文学类图书读者人群的调查，要根据这类读者的年龄层次、学历情况、阅读目的、借阅周期等进行分类。如果是对读者忠诚度进行调查，就要根据读者的到馆周期、在馆时间、对该图书馆的依赖程度等进行分类。调查结果经分类汇总后进入统计分析过程，图书馆统计的常用方法有分类分析法、对比分析法、动态分析法、相关分析法等，而在公共图书馆的用户调查中，则主要针对用户的主观需求进行分析，通过分析提出相应的改进工作的方法和措施，为后期调整作准备，以适应不断加进的用户需求。

二、公共图书馆用户合作的意义

公共图书馆应将一切可以利用的资源充分为社会利用，反过来，公共图书馆也要利用一切可以利用的社会资源。用户是公共图书馆重要的社会资源，公共图书馆要提高社会竞争力和影响力，就要以用户为中心，广泛开展与用户之间的合作，以获得更多的互补性资源，要想方设法加强与用户的联系，真心诚意地与用户建立和保持良好的关系，充分开发和利用用户资源。

合作是指相互配合做某事或共同完成某项任务。合作是相互作用的双方联合起来，为相互利益而协调一致的活动，活动的结果需要有利于合作的各方。合作是人类社会赖以生存和发展的重要动力，通过合作，能够增强双方或多方的社会竞争力，从而实现目标价值的最大化。公共图书馆作为社会的重要组成部分，与用户合作是公共图书馆生存发展的必然选择。

1. 体现用户在公共图书馆的主体地位，发挥用户的宣传作用

公共图书馆与用户合作，为读者提供参与图书馆管理的机会，由此可以确立读者在图书馆工作中的主人翁地位，是尊重读者、信任读者和理解读者的表现，也是读者民主、自由参与公共图书馆建设所应有的权利。读者只有在参与公共图书馆管理过程中，通过了解和熟悉图书馆具体的规章制度、各岗位工作性质及工作流程、图书馆服务项目等，进而全面了解自己应有的权利和应尽的义务，才能全面维护自身的合法权益。同时，公共图书馆只有让读者参与管理，才能保障读者的各项权益不受侵犯。

用户参与公共图书馆工作，突出了用户的主导性，能使公共图书馆工作与用户需求趋向吻合，提高公共图书馆工作的针对性和有效性。这是因为在参与过程中，广大用户能够

站在读者的角度及时发现公共图书馆工作的不足之处，能及时反映广大读者对图书馆服务工作的新需求，能让公共图书馆明晰服务项目是否合适、质量是否达标、效果是否满意；而且也能使馆员更深入地了解读者的需求，不断扩大服务内容，拓展服务模式，完善服务体系。这样，公共图书馆服务就可以更加贴近读者的需求，服务质量也会得到全面提升。

用户参与公共图书馆工作，能在为他人服务的过程中更好地理解图书馆工作的重要意义，有助于馆员与用户之间建立相互信任、相互尊重的关系。因为用户通过参与公共图书馆业务管理，能具体了解公共图书馆每项业务工作的细节内容，能以主人翁的姿态看待公共图书馆工作的专业性质，理解馆员工作的辛劳和价值，从而自觉履行自己的义务，遵守公共图书馆各项规章制度，支持、配合公共图书馆的工作。更重要的是，他们能站在读者的立场上，把自己的切身体会传达给更多读者，让更多的读者理解和认可公共图书馆的工作，从而让社会关心和支持公共图书馆。由于他们来自普通市民，立场中立，因此他们的宣传更具真实性，也更有影响力和说服力。

2. 弥补公共图书馆人力资源的不足，发挥用户的专业特长

我国公共图书馆基本都是全额拨款事业单位，编制、经费有限，固定工作人员大多偏少。近年来，随着社会经济的不断发展，人民群众对公共文化服务的需求越来越多，公共图书馆普遍采取全开架、扩大借阅范围、增加外借册数、延长开放时间、增加服务项目等措施来尽力满足群众的文化需求。

公共图书馆的服务对象非常广泛，有少儿读者、老年读者、残疾人读者、外国读者等，不同读者对图书馆的服务要求各异，而图书馆的员工却是相对稳定的，现有的专业知识结构不可能满足各类读者的需求。并且，随着图书馆开展的读者活动种类的增加和服务深度的拓展，也暴露出图书馆工作人员知识结构不平衡、专业背景单一、视野不够开阔等问题。

在这种情况下，公共图书馆与专家用户进行合作，首先，可以有效地利用专家的知识与经验，弥补馆员的专业知识缺陷。其次，合作过程综合了馆员熟悉馆藏、熟悉读者需求的经验优势和专家丰富的专业知识优势，能为读者提供更加科学的、专业的信息服务。最后，通过合作可以拓展公共图书馆服务工作的深度，扩大图书馆服务的知名度，使公共图书馆的工作更具有针对性、更富有成效。

3. 依靠用户提高办馆效益，降低图书馆服务成本

公共图书馆利用社会资源，广泛开展与用户的合作，依靠社会力量办图书馆，一方面，能够降低公共图书馆的服务成本，提高办馆效益；另一方面，也从一定程度上缓解了公共图书馆经费不足的压力。

4. 让用户了解图书馆，学会利用图书馆

公共图书馆是读者获取知识、解疑释疑的重要场所之一。用户在学习、日常生活、工作和科学研究中遇到难题时，往往求助于公共图书馆。用户通过参与公共图书馆工作，可以加深对公共图书馆馆藏布局、文献检索方法、各项业务知识的了解，得到信息素养培训的机会，从而使用户认识图书馆，了解图书馆，学会利用图书馆，遇到问题时总是想到向图书馆寻求解决途径。

例如，少儿图书馆志愿者通过参与少儿馆的工作，一方面，能掌握与图书馆工作相关的分类、排架等基础知识，学会如何获取图书、查找资料，利用图书馆的文献资源帮助和促进自己的学习；另一方面，能培养自己的阅读兴趣和习惯，培养图书馆意识，养成到图书馆寻找文献信息资源的好习惯，今后在生活、学习、工作中遇到问题和困惑时，都能主动地到图书馆里来寻找答案。

5. 让用户参与图书馆事务，乐于在人、财、物上支持图书馆服务的开展

参与也是一种赏识的手段，它能满足用户归属的要求和受人赞赏的需要。公共图书馆与用户合作，让用户参与图书馆事务，既能为社会增加信息产品与服务项目，又能充分发挥用户的专长，肯定他们的参与价值，促使用户认知与重视图书馆服务，乐于在人、财、物上支持图书馆服务的开展。

第四节 公共图书馆读者证管理及智慧化发展

随着智慧技术（人工智能、大数据、云技术、区块链、5G等）带来的新一轮科技产业革命，公共图书馆读者证的管理面临着历史机遇和时代挑战。纵观公共图书馆读者证管理历史，从读者证形式上经历了纸质读者证、IC卡读者证到电子读者证的变迁。各级公共图书馆紧跟时代的发展，针对读者日益变化的需求，在读者办证服务方面做了很多尝试，推出如自助办证、网上办证、信用办证等方式。读者证是公共图书馆与读者联系的纽带，在公共图书馆服务中作用举足轻重，通过读者证不仅能够记录读者阅读习惯，实现公共图书馆读者行为的各项量化统计，同时通过读者证的使用轨迹确定读者阅读取向，为读者提供个性化图书馆服务。

智慧公共图书馆读者证是读者与智慧公共图书馆之间达成服务关系的一种约定形式。随着智慧公共图书馆用户服务方式及需求的改变，智慧公共图书馆读者证管理模式和特点必然被赋予新的内容。

一、智慧公共图书馆读者证管理模式

智慧图书馆特征是学习阅读空间的线上线下虚实交互。首先,基于对用户需求、行为数据及其与图书馆空间、资源、设施、工具等信息进行实时匹配分析,针对各类学习阅读场景量身定制个性化、智慧化解决方案,为用户提供实时的便捷支持与服务;其次,要利用虚拟现实、增强现实、多维影像高清晰摄录等新技术,使读者能够获得沉浸式的全景阅读学习体验。

智慧公共图书馆个体用户需求可分四个方面:一是个人素养需求,包含文化知识素养、计算机素养、数字素养需求等;二是个性化需求,有专业教育、创新教育、心理健康、专业技能需求等;三是智能技术操作需求,有智能自助设备、交互机器人、3D 扫描、VR、AR、MR 技术体验、全景式交互阅读体验设备、智慧阅读空间等体验需求;四是个人隐私安全保护需求。

智慧公共图书馆读者证管理模式是以智慧公共图书馆不同服务场景及用户需求行为数据为依据,利用智慧读者证有效记录读者在图书馆的行为轨迹,以及使用图书馆资源情况进行分析,如读者借阅类型及数量,文献检索频次,参加培训、讲座、阅读推广活动、体验区等数据的搜集,将这些信息进行读者行为大数据分析处理,得出个体用户的需求及喜好,为读者匹配相应的资源、设施、工具,同时提供个性化、精细化、人性化的服务方案,精准满足读者的需求,智慧公共图书馆读者证管理模式构建。

二、智慧公共图书馆读者证管理的特点

智慧公共图书馆的读者证是读者行为大数据采集的载体,应具备以下特点:

第一,拓展互联性。一方面,智慧公共图书馆读者证互联性是指在公共文化服务体系下一卡通用,并可实现区域内的通借通还,未来可在全国公共图书馆实现互联互通;另一方面,可实现不同学习空间线下线上的交互使用。

第二,提升高效性、便利性。智慧公共图书馆读者证的办理易操作,可实现"最后一厘"的线上办证。无论是线下还是线上读者证注册(或激活)都要高效便捷,操作性强,以读者容易实现为基本原则。

第三,扩大服务范围为全体民众,即读者持有效证件身份证或社保卡就能成为公共图书馆的读者。

第四,服务效能覆盖公共图书馆的所有创新服务。读者除在公共图书馆内借还图书外,还可享受网借邮寄到家服务,在社区图书馆自提柜刷读者证取走图书;读者可参加公共图书馆举办的各种培训、讲座、阅读推广等活动;读者可自由使用自助智能设备,实现

与交互机器人对话，自助进行 3D 扫描，体验 VR、AR、MR 技术下阅读；读者可置身于全景式交互阅读环境下、智慧阅读空间中，体验新技术带来的学习乐趣。

第五，智慧公共读者证通过智慧图书馆管理系统实现读者行为大数据采集，为读者提供个性化及精准化服务，这是智慧图书馆读者证管理的根本特征。

三、智慧公共图书馆读者证管理策略

（一）利用身份证、社保卡作为公共图书馆智慧读者证

身份证及社保卡作为读者证相较于 IC 卡读者证具有以下优势：

一是可简化操作流程，提升办证效率。

二是身份证号码作为读者证号码，其唯一性不可复制，读者辨识更为精准。

三是身份证及社保卡作为读者证可免去制卡费用，节省财政经费。

四是利用身份证注册的读者同时可以使用成都市社保卡借阅文献，同理利用社保卡注册的读者也可使用身份证借阅文献，无须再注册，即身份证与社保卡证件具有相同效力。

五是社保卡作为读者证其具有的金融功能在滞纳金、丢失赔偿金处理上将更为方便。

六是身份证及社保卡的安全性在保护读者隐私方面更加可靠。

七是身份证及社保卡自带的电子证功能，将提升公共图书馆电子证标准化应用能力，安全性、便捷性更为突出，前景更为广阔。

以上充分说明，身份证与社保卡具备智慧读者证的必要特点，是公共图书馆读者管理的必然趋势。

（二）智慧读者证读者类型应单一化，享受全域服务

智慧读者证的读者类型应单一化设定，不再根据押金进行读者类型的层级设计，通过扩大读者证用途满足读者需求。比如，在馆内开展音像资料、光盘、电子阅读、平板电脑、3D 扫描、VR、AR、MR 技术、智慧阅读空间等项目体验区，增设这样的体验区会让更多无法支付押金的普通读者参与其中，提升读者的参与度，让每一位读者都能在图书馆享受知识服务、开阔眼界，加快新技术下的知识更新。

（三）构建个人征信体系，保障智慧读者证免押金制度的可持续发展

公共图书馆作为传播知识的公益性文化场所，智慧读者证实施免押金制度是全民均等化服务的重要举措，让所有群众都可免费享受公共图书馆资源，解除了图书馆服务与读者之间的最后一道屏障。

公共图书馆应加入国家认可的公民信用管理体系，建立公共图书馆征信管理制度，规范读者行为，才能有效保障智慧读者证免押金制度的实施，最大化地保障图书馆资产安全。

（四）加快智慧图书馆管理系统建设，实现精准化服务

现阶段公共图书馆管理系统的大数据分析包括读者性别、年龄及读者借阅数据排行。要实现智慧公共图书馆读者证管理模式，智慧图书馆管理系统读者行为数据收集除纸质阅读外涵盖数字阅读、多媒体、培训、讲座及沉浸式学习体验区等所有图书馆服务，加快智慧图书馆管理系统的创新开发，是实现公共图书馆读者精准化服务的根本保障。

总之，公共图书馆读者证办理途径形式多样，未来在公共图书馆智慧化服务与高质量发展中应实现一卡多用，实现读者信息大数据分析功能，亟待建立统一身份认证体系，大力推广身份证读者证、社保卡读者证及电子社保读者证，积极与国家征信机关协作，将图书馆读者违约行为纳入征信系统，保障公共图书馆资产的安全，从而彻底改变当前公共图书馆读者证类型复杂的局面，有效发挥公共图书馆的服务职能，做到对读者个性化精准服务。

第六章 智慧图书馆的建设与发展探究

第一节 智慧图书馆及建设理论

近年来,以智能化为代表的第三次信息化浪潮席卷而来,推动着社会全域向更高的智慧目标发展,图书馆界也不例外。一时间智慧图书馆成为我国图书馆界的炙热话题、发展方向和行动指南,从"十四五"起,智慧图书馆从纸面上的研讨与论战正式步入实质建设阶段,人们开始用实践丈量智慧图书馆的智慧水平。

一、智慧的本质分析

(一)智慧和智能

"智慧"原指人类迅速正确地感知洞察世界、分析解决问题、发明创造事物的综合水平,是人类智力、经验知识、方法技能、观念思想、意志情感等各种因素叠加孕育出的能力,是生物系统范畴的概念。智慧与智能密切相关,智能是人类智力和能力的统称,是相对稳定的、具体的(如世界著名教育心理学家霍华德·加德纳的多元智能理论,人类的智能可以分成七个范畴),甚至是可以度量的(如用智商高低来评测智力水平);而智慧则是动态的、抽象的,甚至是只可意会的。所以在哲学意义上,智慧是"形而上谓之道",智能是"形而下谓之器"。智能是智慧的基础,没有智能就没有智慧,但有了智能不等于有智慧,智慧是智能的终极能力和最高目标。

城市、校园和图书馆等社会系统的智慧和智能是生物系统智慧和智能的引申和借义,其概念的内涵和相互关系基本相同和一致。在数字化、网络化的基础上,人类发明了5G、人工智能(Artificial Intelligence)、区块链(Block-chain)、云计算(Cloud)、大数据(Big Data)(简称"5ABCD")等新一代信息技术,从而使社会从信息化进入了智能化时代。这个时代人们不断采用新技术创造出具有一定的感知、记忆、学习、思维、自适应和行为决策等生物智能特性的系统和设备产品,并将这些智能系统和设备普遍应用到城市、校园和图书馆等社会系统，使得这些社会系统具备了综合的智能，极大提高了运行效率和质量。这些社会系统表现出一种类人的"智慧"状态，我们将其称为智慧系统，如智慧图书馆、智慧校园、智慧交通、智慧城市等。这里的智能是与技术相关的具体的系统和设备产品的能力，智慧则是社会系统在智能的基础上整体发展达到的一种状态和业态。

智慧图书馆的本质就是智慧，而技术则是图书馆智慧的第一和直接的推力。智慧图书馆将新一代信息技术普遍应用于图书馆的各方面（业务管理、读者服务和空间设施等），使图书馆系统普遍实现智能化，运行质量和效益得到极大的提升，从而使图书馆具备全面的综合的智慧能力，整体上达到一种智慧的状态。

（二）智慧图书馆发展的必然性

全球三次信息化浪潮引发了图书馆信息化的三次革命，智慧图书馆是第三次信息化浪潮推动下的图书馆信息化的第三次革命，是图书馆发展的内在需求，也是社会发展大趋势的要求，具有历史必然性。

第一次信息化浪潮或称个人计算机化（也有人称数字化），发生在 21 世纪 80—90 年代，这次浪潮以个人计算机的普及使用、文字编辑办公系统和计算机管理信息系统（MIS）的应用等为标志。第一次信息化浪潮催生了图书馆信息化的第一次革命——图书馆自动化（LAS，现也称图书馆业务管理系统），我国的图书馆自动化从 21 世纪 80 年代中后期开始，到 2010 年左右达到鼎盛，以 1988 年文化和旅游部（现为文化和旅游部）组织开发的 ILAS 系统为重要里程碑。这次革命以全国图书馆实现自动化系统为标志。自动化系统基于业务规则和标准实现了图书馆纸质文献的采访、编目、流通和书目检索的计算机管理，结束了传统的手工操作历史，大大提高了图书馆业务管理和读者服务的效率。

第二次信息化浪潮或称网络化，始于 20 世纪 90 年代中期，这次浪潮以信息高速公路、互联网普遍应用和计算机普遍互连为特征，人们普遍通过互联网进行工作（信息交互、任务协同）和生活（社交、娱乐、购物）。网络化推动了图书馆信息化的第二次革命——数字图书馆建设，大约从 2000 年起，文献数字化和互联网开始广泛应用于图书馆，人们可以通过互联网来阅读文献、获取信息资源和参与图书馆活动。数字图书馆已成为图书馆的业态。

第三次信息化浪潮或称智能化，源于 2015 年以来大数据的迅猛发展，智能化以数据深度挖掘和融合应用为主要特征，再加上云计算、人工智能、5G 技术的全面兴起，各行各业都在推进数据化转型、开展智慧建设。从 2017 年起，我国图书馆开始了智慧图书馆建设的历程。

二、智慧图书馆的特征表现

（一）全面智能化

智慧图书馆在技术上表现为全面感知、泛在互联与融合应用。全面感知要求使用语音、视觉、生物识别等智能技术实现智能感知；泛在互联要求人、机、物之间，在任何时间、地点，使用任何网络进行信息交换；融合应用要求在多源大数据的基础上，进行数据挖掘，从而使数据产生新的应用价值。全面智能化在规模上表现为全面性、整体性和综合性，应由一系列分布于图书馆的各个业务流程、工作环节、读者服务和场馆设施之中的互相关联的具有智慧功能的平台、系统、产品、工具等构成。

（二）大数据支撑

大数据是智能化的基础，是实现智慧图书馆的重要前提。没有读者借阅的大数据就无法精确分析读者的阅读需求，就没有高水平的文献智慧采访和读者精准推送服务，没有知识库、元数据库、规范数据库等就无法进行高质量的数据清洗和数据分析，没有准确的、实时的图书架位数据就无法实现书库智慧管理。当前图书馆大数据开始向全域化、多系统、多领域、全量化方向发展，其数据规模和完整性，以及数据采集的实时性和准确性决定了图书馆的智慧水平。

（三）智慧化集成

智慧图书馆的意义在于通过"智慧"能力更深入有效地集成图书馆"建筑设备设施、服务资源、服务对象、工作人员、方法规则"等"五要素"，更全面"智慧"地实现图书馆"五定律"，即"书（信息）是为了用的、每个读者有其书（信息）、每本书（每条信息）有其读者、节省读者时间、图书馆是一个有机的生长体"。

智慧图书馆是继图书馆自动化管理、数字图书馆建设之后的图书馆的第三次信息化革命，将会改变图书馆的业务流程、工作规则和资源配置，引起图书馆的重大变革，形成新的业态，从效率和质量上全面推动图书馆的高质量发展。

（四）系统化建设

智慧图书馆建设是一个庞大的系统工程，就公共图书馆系统而言，很难有哪个图书馆能够独立建成一个高水平的智慧图书馆，而是需要以公共图书馆服务体系为纽带、以国家图书馆为指导、以省级公共图书馆为枢纽、以国家和省级工程项目为抓手，在统一的顶层设计和项目规划下，国家、省、市、县、基层五位一体，同心协力、有效对接、相互关联、整体推进。从技术攻关和人才培养的角度需要协调组织各级图书馆力量，从大数据支撑的角度需要汇聚各个图书馆的数据，从系统共享的角度需要搭建共享智慧平台，从而形成统一的系统的智慧图书馆整体。

（五）并行发展

与全球信息化发展的三次浪潮——个人计算机化、网络化和智能化——是三条并行不悖的主线一样，图书馆信息化的三次革命——图书馆自动化、数字图书馆和智慧图书馆——也是三条并行不悖的主线。三者之间绝不是推翻和替换前者的关系，而是相互依赖、相互促进，实现了并行发展、协同发展和融合发展。图书馆自动化奠定了图书馆计算机管理的基础。在数字图书馆发展阶段，图书馆自动化搭上互联网快车，一方面将书目数据整合到数字资源中，另一方面将所有局域网内的业务和服务功能全面升级到互联网应用，并拓展了诸如读者网借、转借、手机自借等许多新的应用功能，实现了图书馆业务工作和读者服务的网络化、社会化和移动化。数字图书馆将数字资源的管理（采访、编目等）纳入图书馆自动化系统中，实现了纸电一体化管理。

随着智慧图书馆的到来，图书馆自动化和数字图书馆也必将搭上智慧的快车通过智能升级和创新融合而产生新的更强大的功能。图书馆自动化系统将为智慧图书馆提供原始数据，也可以基于智慧图书馆的数据中台开发新的资源管理和读者服务功能模块，并在应用大数据分析和人工智能技术的基础上实现智能化升级。数字图书馆系统在应用大数据分析、人工智能等新技术的基础上，进一步完善各项资源服务功能，如实现知识深度挖掘、智慧参考咨询服务、智慧知识服务、智慧决策服务等。

（六）生长的智慧

随着新技术的发展和应用研究的深入，随着图书馆需求的变化和发展，智慧图书馆的内涵和外延也将发展变化，新的智慧功能产品将会不断涌现，图书馆的智慧能力也将不断增强和不断生长。

三、智慧图书馆的功能

众所周知，由于各类型图书馆在读者对象、资源内容、服务方式、评价标准等方面存在较大差异，不同类型图书馆的自动化系统和数字图书馆系统在具体功能上也存在较大的差异，同样智慧图书馆的具体功能也必然存在较大差异。因此，本书对智慧图书馆功能的分析仅选择以公共图书馆系统为研究对象，根据智慧图书馆全面智能化的要求，全面考虑公共图书馆及公共图书馆服务体系的需求，结合技术应用的可行性，分析梳理智慧图书馆可能包含的各种智慧功能，并依据应用场景或主要使用对象将这些智慧功能分为智慧业务、智慧服务、智慧空间等三个功能方面。

（一）智慧业务

1. 文献智慧采访

文献智慧采访是采用数据智能分析方法对读者借阅、出版信息、馆藏信息等大数据进行数据建模和分析，依据分析结果及采购原则，实现自动生成文献采购智慧预选订单的功能。文献智慧采访所生成的图书订单对提高馆藏质量、完善馆藏结构，以及更好地满足读者需求具有重要意义和深远影响。

2. 新书批量自动验收

新书批量自动验收功能是通过应用图像识别等技术对到馆新书进行批量化快速验收，从而改变当前单本逐本验收的方式，极大提高到馆图书的验收效率。

3. 文献智慧编目

文献智慧编目是通过文字和图形智能匹配技术，无感自动完成或仅需较少的人工辅助完成预订图书、到馆新书和馆藏图书书目数据从非标准数据向标准数据的更新转换，在简化编目业务或无人编目的同时实现书目数据的统一化和标准化。书目数据的统一化和标准化对精准书目检索和大数据统计分析具有重要意义。

4. 书库智慧管理

书库智慧管理包括两个方面：一是对在架图书的智慧管理，通过使用智能技术自动获取在架图书的位置、书目、利用等信息，并在此基础上实现精准的图书理架、清点、分库、剔旧等书库管理工作；二是对待上架图书的智慧管理，通过智能自动获取或分析确定待上架图书的目标位置，然后按目标位置自动分拣和传送到位。

5. 文献智慧调度

文献智慧调度是基于大数据分析对一个区域内若干图书馆、图书馆总分馆的文献资源进行合理分配和按需调度，实现图书馆资源利用最大化以及读者获取所需资源时间和成本最小化。

6. 智慧统计分析智慧统计

分析是基于大数据对全省公共图书馆体系的保障条件、运行状况和服务效能进行全方位多维度统计分析和智能分析，并以可视化数据、自动分析报告等形式为图书馆科学决策、工作改进提供数据支持。

(二) 智慧服务

1. 全域文献流通管理

全域文献流通管理是指为一个地区（省、市、县）的读者提供全区域的文献借阅服务，实现无区域界限、无业务管理系统限制的通借通还、自助借还、网借服务、采借服务等功能。

2. 文献资源精准推送

文献资源精准推送是指基于大数据分析所建立的读者画像将相关的文献推送给相关读者。推送目标包括个体读者和群体读者。

3. 纸电及馆店资源一体化服务

纸电资源一体化服务是指多场景下（含图书馆或其他场合）通过识别图书的一维或二维码、拍摄或使用图书封面等书影图像获得图书馆或电商平台的电子图书服务。馆店资源一体化服务是指关联图书馆和商业书店的图书资源（含纸质和电子），实现多场景下读者自由选择借书或买书。

4. 活动智慧管理

活动智慧管理是指对活动的全过程进行数据采集，应用图像识别、视频识别和大数据技术对活动的人数、构成、秩序、参与者反应、教师影响力等进行智能分析，从而实现图书馆活动全方位多维度客观的评价和分析。

5. 智能书架

智能书架是指采用图像识别、视频识别等人工智能技术，以较低的代价实时准确感知书架上每一册图书的位置状态，或者是实时准确感知书架上每一个空间的图书信息，进而实现各种智慧管理和服务功能，如图书精准架位检索和导航、数字孪生书架、无感自助借还书等。

6. 数字孪生书架

数字孪生书架利用人工智能、仿真等技术，实现图书馆现实书库、书架、图书在虚拟空间的数字化映射，工作人员可基于数字孪生书架进行有效的管理，读者可基于数字孪生书架进行浏览和借书申请。

7. 读者服务全自助化

读者服务全自助化是基于RFID、人脸识别等技术，实现读者注册、办证、借书、还书的完全自助化,使工作人员的主要工作从借还服务中解放出来,转为提供指导阅读、解答咨询等服务。无感自助服务系统是自助服务的一种新类型,它在无任何操作的情况下感知读者和图书信息,完成借书还书、入馆入室验证等服务功能。

8. 智慧参考咨询

智慧参考咨询是指基于知识网络、大数据分析、人工智能等技术,实现对读者一般问题、文献请求、课题请求、知识请求等各类咨询的智能分析,提供智能化、个性化、知识性、持续性服务。

9. 数字资源智慧服务

数字资源智慧服务是指根据检索词和检索历史从大量文献库和知识库中方便快捷地找到所需文献资源、并提供精准推送和不断增长的服务。这一服务的前提条件是智慧检索,而智慧检索则要求有足够多的可检索数字资源库、完善的标引数据和用户检索历史数据。数字资源智慧服务功能可能包括个性化精准服务、重点热点资源推荐、关联资源拓展、智能互动体验、资源评价和绩效考核等功能。

(三) 智慧空间

1. 多媒体全面应用

多媒体应用是图书馆全面应用大屏投影、触控互动、AR/VR 等技术为读者提供信息发布、数字展示、数字阅读、互动体验、沉浸式体验等服务。多媒体应用产品种类多样,包括分布在图书馆大厅、各个楼层和服务场馆外的数据发布类(如大厅的综合发布大屏)、电子资源利用类(如立式电子书刊报借阅屏、瀑布流屏、展览墙、名人墙等)、适合少儿的益智互动类(如电子书法、电子棋、互动投影等)和以知识内容为主的沉浸式体验类(AR/VR)等四种类型。

2. 科技体验空间

科技体验空间是图书馆为以少儿读者为主的社会大众提供的一种展示、体验、操作和培训普及现代科技成果的空间,旨在激发培育少年儿童对知识学习和科技发明的爱好兴趣,如 5G 通信、机器人等技术在图书馆系统的应用。

3. 智能导航导读

智能导航导读应用人工智能、位置定位、知识库等技术实现读者一般咨询、空间导航、书目检索和文献定位、漫游接续服务等功能。

4. 智能机器人

图书馆可将多种类型的机器人用于各种场合提供专业化的服务。这些机器人包括但不限于移动迎宾机器人、固定位咨询机器人、盘点机器人、保洁机器人、安防巡更机器人、消杀机器人、运输机器人等等。这些机器人根据功能需求集成了多种智能技术，有的还对接各种知识库、图书馆业务管理系统，实现了回答咨询、导航、检索、保洁、保安、消毒、运输等各种功能。

5. 客流统计与空间热点分析

客流统计分析使用视频识别、人脸识别等技术对进出场馆空间的读者人次进行采集统计，或进一步采集分析读者年龄、性别、特征，以便获得图书馆的服务效能数据、流量与时间关系规律、各空间的读者数量分布等统计结果。

空间热点分析使用 WiFi、蓝牙、视频等技术采集读者的位置、运动轨迹、滞留时间、授权用户信息等数据，并与图书馆功能空间的资源和服务进行关联统计分析，获得读者在图书馆功能空间更精确位置的分布、运动特征规律，能够得到更准确的服务和资源热点数据。随着图书馆 WiFi 的高密度全覆盖和智能手机等移动终端的普及，基于 WiFi 技术实时获取移动终端的点位信息，从而实现空间热点分析，是一个效果好、性价比高的方案。

四、智慧图书馆建设的目标与原则

（一）智慧图书馆建设的目标

图书馆的智慧发展需以目标为导向，智慧图书馆理论深入需以问题为导向，而目标的明确将有助于聚焦重难点问题，因此，明确智慧图书馆建设目标十分重要。

1. 实现图书馆平台与系统的全融合

在技术驱动背景下，用户对图书馆的实时服务和管理提出了更高的期望与要求。图书馆应拓展服务系统平台，开发包括 PC 客户端、移动 App，智能设备等多种智能终端系统，通过各种智能终端设备采集用户的数据与信息，用于读者服务。为了确保读者服务的一体化，需要实现所有使用场景的全融合，以保证信息的统一、用户体验感的增强，这也体现了智慧图书馆以融合为发展的主要要求。

2. 实现图书馆服务的全智能

图书馆智慧服务是在无限数据的场景下，将各种数字资源经过知识组织、加工、推荐、管理等环节转化为知识，为读者提供服务。从技术角度讲，图书馆智慧服务是在信息技术应用到一定的广度与深度的情况下，通过一系列技术手段的综合应用，收集的数据信息，并通过数据挖掘、知识管理、推荐计算等方式，为读者提供高质量、个性化的知识服务。"内容+服务"的知识服务模式是图书馆智慧服务的发展方向，依托技术实现知识利用的全智能既是构建智慧图书馆的基本要求,也是图书馆构建知识性服务业态的必然选择。

3. 实现用户需求的全面覆盖

用户需求一直是图书馆服务的出发点和落脚点,用户需求决定了图书馆事业的发展方向。因而,在建设智慧图书馆时应将工作重点放在满足用户现实需求与挖掘用户潜在需求上,通过用户需求促进图书馆的转型与发展。智慧图书馆应充分利用用户画像等技术,充分了解、挖掘不同读者群体需求,进而不断优化图书馆分层服务。同时,注重普惠性服务到特色化服务的转化,逐步推进从大众化服务到个性化服务、从馆内服务到馆外服务、主题特色服务等服务方向,实现各类群体服务的全覆盖。

4. 实现图书馆业务管理的全优化

在图书馆的发展过程中,始终注重服务效能与品质的提升,从服务的模式到服务的手段再到服务的途径,一直将用户的需求作为指引,不断地转型、创新与提升。在技术驱动的背景下,图书馆也应积极转变管理理念、管理文化,探索管理方式,不断优化业务管理,推动图书馆工作的协调发展。一方面,充分利用科学技术实时挖掘用户需求,满足读者显性、隐性、碎片化、多粒度、多维度、多内容的需求;探索新业务的开发与利用,不断提升业务水平和业务能力;另一方面,充分挖掘馆员的业务专长,分配岗位,不断提升馆员的价值认同;建立健全的用户满意度评估与反馈机制,不断推进服务、业务、管理的优化与提升。

5. 实现图书馆数据的全利用

大数据技术实现了大批量的数据处理和数据价值的充分挖掘,将其应用到图书馆建设中能够进一步丰富智慧服务的内涵,加快图书馆信息化、知识化、智慧化的转变进程。图书馆应在云计算、大数据等技术体系的支撑下,将信息生态链的发展理念应用到图书馆的服务、管理、业务等工作流程中,构建涵盖设施、资源、服务等多层级的智慧信息服务体系,将用户、资源、空间、业务等图书馆大数据进行统一的收集、整理、存储与利用,进而实现数据驱动的资源采购、空间管理、个性推荐等智慧应用服务,通过建设多维互联的图书馆信息系统,进一步推进图书馆智慧服务体系和管理体系的构建。

(二)智慧图书馆建设的基本原则

1. 标准化和规范化原则

智慧环境下,图书馆信息的采集和加工,传播和利用,都是以网络为依托的。"无处不在"的互联网,对于图书馆建设的便利性是不言而喻的,但若要形成全国范围内的图书馆事业体系,甚至全球范围内的共建共享,统一的标准和建设规范是必不可少的。由此可知,标准化和规范化会直接影响智慧化建设的成败。例如国际上通用的数据格式标准规范,统一的网络通信协议,符合行业标准规范的设备等,统一的标准、规范、协议,以及可兼容的软硬件,在数字资源系统建设、技术平台构建、信息服务系统开发等过程中,都是至关重要的,在图书馆系统互联互访到其他系统的智慧化建设中,发挥着不可替代的作用。换句话说,智慧图书馆的未来建设,及其功能服务更好地实现,必须建立在统一的标准、规范基础之上。

2. 开放性和集成性原则

未来智慧图书馆的发展,将为读者提供智慧化程度较高的个性服务,同时,读者能够互动式或自主式地参与图书馆的服务与管理。在移动互联网的基础上,信息的创建和处理,传输和搜索,都会达到难以想象的高效和便捷,图书馆员不再是唯一的信息制造者和发布者,读者也将成为信息数据的创造者,使得信息的扩散更加迅速,信息在"图书馆—读者"之间的流动更快而直接。智慧图书馆为用户提供的微信互动、微博分享,网上联合知识导航站,以及电话预约、就近取书等服务,降低了图书馆的进入"高度",使馆员与读者,读者与读者,馆员与馆员之间能够自由互动、协同参与,在图书馆的管理和服务中,读者可直接或间接地发挥作用。

智慧图书馆是在云计算技术、物联网技术的基础上,实现各个文献信息机构之间,不同类型文献之间,实现跨系统应用集成,跨部门信息共享,跨媒体深度融合,文献感知服务和集群管理。上海图书馆的"同城一卡通",使读者对可用一卡通借阅的文献的存储和流通状态,能够跨时空、实时获取,在237个总分馆中,跨空间的实现各个单一集群系统的互通互联。通过知识信息的共建整合,无障碍转换,跨时空传递等,实现集约显示、便捷获取,依靠集群化综合服务平台,使知识资源的视角不仅仅局限于点,而是扩展到条、面、区域,从而达到条线的交流,块面的联系,区域间的互动,实现智慧化运作。图书馆要实现服务创新,就必须依靠新技术的智慧化应用。

3. 共建性和共享性原则

全国范围智慧化图书馆体系的建设,一个图书馆的力量是有限的,短时间内很难完成智慧资源建设。几个图书馆之间的信息共享,通过共享人力、物力,可短时间内丰富馆藏资源,最大化地满足用户需求。由此可知,作为个体的图书馆,若想要尽快实现泛在化、智慧化建设,必然需要与其他馆合作,通过共建共享,贡献自己力量的同时,也获得更多其他馆的馆藏资源。

为实现信息资源共建共享,图书馆个体可以相互联盟,如国际上的 OCLC(Online

Computer Library Center，联机计算机图书馆中心），以及国内的（CALIS C China Academic Library & Information System，中国高等教育文献保障系统）等，一方面，一定区域内的图书馆形成统一体，以联盟的形式采购图书、数据库等，从书商、服务商处获得较低的采购价格，不仅节省资源，也可扩大资源利用率；另一方面，各个图书馆之间可以共享技术、平台资源等，在数字化建设过程中，避免资源重复开发、节约成本，还能有更多的资源用于读者服务，促进图书馆的智慧化建设。

4. 智慧化和泛在化原则

图书馆的智慧化、泛在化主要体现在以下方面：

一是服务时间和服务空间：无线网络技术的发展，更加智能的自动化服务系统的出现，实现在网络所覆盖的地区，都能体验到的图书馆服务，且连续 $7×24h$ 的服务。图书馆用户通过终端设备，可以不受时间、地点限制地享受数字资源、服务。

二是服务对象和服务模式：移动通信技术的发展，图书馆的服务模式势必要发生改变，为所有连入网络的用户主动推送资源、服务，不再仅限于到馆用户，每个人都能公平地获取所需资源和服务，真正地扩大图书馆服务对象的范围。

三是服务内容及服务手段：泛在环境下，图书馆之间资源的共建共享，使得图书馆用户可获得资源服务，不再仅限于本馆的馆藏，而是整合不同平台的资源，如共享资源中心、互联网和开放知识库等，同时，对信息加以归纳整理、去伪存真，然后供用户使用，如通过网站、WAP 平台拓展数字化资源的利用率。

由此可知，时代背景和技术环境的变化，图书馆的建设发展务必要遵循智慧化、泛在化的原则，才能真正体现图书馆的社会价值。

第二节　智慧图书馆建设的支撑技术

一、大数据技术与智慧图书馆建设

（一）大数据内涵的深刻理解

2011 年 5 月，全球知名咨询公司麦肯锡发布了《大数据：创新、竞争和生产力的下一个前沿领域》。报告首次提出了"Big data"（大数据）的概念，并在报告中指出"数据已经渗透到每一个行业和业务职能领域，逐渐成为重要的生产因素；而人们对于海量数据的运用将预示着新一波生产率增长和消费者盈余浪潮的到来"。至此，大数据的研究与应用受到广泛的关注。虽然人们对"大数据"字面引申的概念、内涵等存在着多种的定义与理解，但存在一个共识，即：大数据不是对数据量大小的定量描述，而是一种在种类繁多、数量庞大的多样数据中进行的快速信息获取大数据的数据具有多样性，日常情况下，人们说到的数据，大多指的是数字、文本等格式的数据，这些数据可以用关系数据库来直接存储，是所谓的结构化数据。而大数据的数据还应该包括半结构化数据和非结构化数据。图书馆系统的图书信息、电子书刊信息、借阅信息、读者信息等为结构化数据；而图书馆留言簿、图书馆论坛、微博、微信平台等用户咨询借阅过程信息为半结构化数据；用户浏览图书馆网站及相关 B/S 系统的网页记录、用户的行为痕迹、在线咨询信息，以及用户存储和下载信息行为时出现的各种音视频信息等为非结构化数据。

对"大数据"之中的"大"理解，IBM 认为大数据具有"3V"特点，但以 IDC 为代表的业界认为满足"4V"指标的数据才可称为大数据，即 Variety（种类多）、Velocity（速度快）、Volume（容量大）、Value（价值高），比 IBM 提出的"3V"多了一个"价值高"。目前很多人认为满足应该"4V+1C"，其中 C 指的是 Complexity，就是复杂性加大，要处理分析大数据具有一定的难度。

所谓的"种类多"是指数据来自多种数据源，不仅包含了文本数据，也包含了数据库、图像、音/视频、传感器数据、网络检索历史记录等信息。同一个知识或智慧可以同时存在于不同类型的数据源中，也可能是每一种类型数据源分别支持同一个知识或智慧的某一个或几个侧面。所谓的"速度快"是指处理数据的速度要求足够快。只有快速处理的数据才能满足大数据时代数据的产生和变化的需要。所谓的"容量大"，一般数据量级已从 TB 跃升至 PB 乃至 ZB。所谓的"价值高"是指数据本身就是资产，运用科技手段对大量的、随机的、模糊的及不完全的可用数据进行筛选、融合分析，可以挖掘出许多有用的知识、关系、模式，用于新的知识服务方式，从而创造新的更大的价值。所谓的"复杂性加大"，是由于数据量大、数据机构复杂性和需求高几个方面决定的，相对于前期的数据挖掘阶段，大数据阶段的数据挖掘更加复杂。

大数据的"数据"不仅仅是数据存储，更重要的是数据获取与数据应用。随着信息技术的发展，信息数据越来越多，数据容量越来越大，而云计算的出现使得信息数据的存储、计算并不成为信息数据存储的障碍，故此，大数据技术应更多地关注数据的获取和应用。

无论高校图书馆还是公共图书馆，都可以通过数据分析、数据挖掘等方法对数据进行分析和挖掘，快速有效地评估图书馆各种资源的使用情况，并且通过对读者平日使用资源日志及阅读偏好的收集，预测读者最可能关注的热点和动态，为有效评估图书馆已有文献的质量以及读者的潜在需求提供数据支持，量体裁衣地为读者提供优质服务，同时利用读者不断增长的个性化信息需求完善高校图书馆的服务。

图书馆在利用大数据技术时，面对不断产生并膨胀的数据统计分析、可视化展示、趋势预测等需求，通过利用数据交换、数据挖掘、云计算、数据库技术和信息系统的协同，可构建起图书馆数据分析与监控系统，在积累了大量实际应用经验的同时，分析各类大数据技术在图书馆的基本应用、拓展应用以及未来发展趋势，形成具有较强借鉴和参考作用的研究成果，助力图书馆构建大数据综合应用平台，推进图书馆向智能化、智慧型方向发展。

因此，深刻理解大数据的内涵，以及了解和熟悉大数据及相关技术，根据图书馆自身的发展及其现阶段数据储存、分析、挖掘的现状，和未来发展的规划或设想，以及大数据时代本馆用户对信息资源的利用需求，对如何利用大数据进行全面的、系统的分析和论证将显得非常重要。

（二）大数据时代智慧图书馆建设的实现路径

2012年以来，全球已经踏入"大数据"（Big Data）时代，社会在逐步向大数据时代迈进，关于大数据，至今仍没有大家都能接受的统一定义。因为，数据量大和大数据并不能相提并论。如果不能被利用，即使是再大量的数据也不能被称为大数据，真正意义上的大数据更不能以单一领域的大量的数据的集合进行表示。这里引用百科的解释，大数据：或称巨量资料，指的是所涉及的资料量规模巨大到无法通过目前主流软件工具，在合理时间内达到撷取、管理、处理、并整理成为帮助企业经营决策更积极目的的资讯。《华尔街日报》将大数据时代、智能化生产和无线网络革命称为"引领未来繁荣的三大技术变革"[1]。

大数据时代智慧图书馆建设的实现路径如下：

1. 深入对智慧图书馆理论研究

信息技术革命和城市社会的发展是智慧图书馆建设的两大背景，然而与其他国家相比，这两大背景具有时间和空间上的双重差异，因此对于大数据时代智慧图书馆建设必须要有适应自身需求的理论支撑。本书认为，大数据时代智慧图书馆建设，涉及理念的变革、技术的进步及管理的创新。显然，完全照搬国外的理论不能适合我国建设的需求，因而，可结合实际情况，由国家社会科学基金和各省高校图工委等机构，设置基金资助大数据技术和智慧图书馆相关课题研究，鼓励专家学者，围绕对智慧图书馆定义、内涵，以及

---

[1] 邱庆东. 大数据时代智慧图书馆建设探析 [J]. 四川图书馆学报, 2015 (06): 12~15.

大数据时代智慧图书馆建设方向等相关课题进行深入探讨，构建起具有中国特色的智慧图书馆基础理论体系，以此来指导实践，引领智慧图书馆的发展。

2. 加速支撑平台建设，推进大数据应用

加速图书馆信息基础建设，拓展信息化应用，对图书馆现有网络进行升级改造，统筹有线、无线网、北斗卫星导航网的利用，系统推进泛在网络建设，逐步提升自身信息化基础设施的支撑力。采用物联网、云计算与传感器等关键技术，把传感器嵌入到图书馆的实体设备，建成物联网应用及移动互联平台，加强数据收集和信息感知，提高图书馆感知水平。

在加速支撑平台建设的同时，要推进大数据应用，将智慧图书馆建设和大数据技术有机结合，从提高图书馆智慧化服务水平出发，推行图书馆网上办事业务，收集用户对图书馆服务的需求，构建智能决策平台，利用数据挖掘软件，对用户需求情况进行分析挖掘，推进图书馆服务个性化和决策智能化。要加速图书馆行业数据开发，鼓励服务读者的大数据应用，提升智慧图书馆建设水平。

3. 完善法规制度，构建安全机制

物联网与云计算时代，法律法规问题要比以往的互联网时代更加复杂。由于我国互联网法律法规建设存在大量"欠账"问题，当前，许多信息网络安全问题依然是无法可依。为解决大数据时代智慧图书馆建设的安全问题，首先，要建立国家信息网络安全审查评估机制，选择适宜周期，对国家信息网络安全评估报告进行定期发布；其次，在图书馆内，建立和完善安全防范和网络入侵监测系统，实现信息网络安全运行的技术机制；在智慧图书馆项目建设的政府采购阶段，明确参与投标的各类企业，尤其是外资企业安全保障的可信赖等级；同时积极推进技术产品的资质认定和采购备案制度，健全安全监测及应急反应机制，有效阻止外国网络间谍机构对我国图书馆进行网络情报威胁。

二、物联网与智慧图书馆建设

物联网给智慧型图书馆的建设和运营带来了新的发展方向和形式，在物联网技术和设备的基础上，图书馆为读者带来了更加高效和便捷以及优质的服务。智慧图书馆的服务理念始终坚持用户为本的原则，围绕用户进行信息捕捉和感知所有方位，推动了管理方式的智能化，对服务模式不断创新，有利于提升图书馆的服务水平。智慧型图书馆提供的服务和开展的各项业务都依靠物联网作为重要的技术支撑，下面笔者就物联网和智慧图书馆之间的关系进行深入的分析。

（一）物联网概述

20世纪末期，诞生了物联网的概念。物联网是在既定协议的基础上，利用信息识别系统或技术，如传感器、激光扫描仪和GPS系统以及射频识别，为互联网搭建起桥梁，与想要连接的物品相连，让物和物之间建立起信息交流的关系。可见，在物联网的作用下，可以跟踪、识别、监管和定位物品，让有效连接存在于物与物之间。当前，我国多个领域和行业广泛使用物联网，物联网应用于不同的领域中形成的定义、产生的作用也有差别，总体来说，物联网技术充分利用定位技术和智能传感器以及识别技术，与对象建立起连接和交互以及监视的关系，帮助人们迅速采集到所需的信息，其最终目的在于在人与物、物与物、物与网之间建立起连接关系，以监管和感知以及识别的智能化作为最终目的。

从物联网的定义和概念中可以发现，人与物和物与物之间产生的相互作用是物联网技术的核心和重点内容，其表现出来的基本特点主要有：智能处理、整体感知和可靠传输等。其发生作用的程序是，人们首先通过各种类型的感知设备对所需物体的信息进行获取，再利用互联网连接起物联网，利用网络的作用，共享、交换物和物之间的信息。信息处理、信息时效和信息获取以及信息传送是物联网对信息进行处理的主要功能。第一，物联网对物品的各类信息进行识别，再将这些信息的状态通过某种方式表达出来。第二，接收和发送以及运输物品对象状态的信息，从时间和空间上进行转移或变化。第三，转化和处理已经传送的信息，从而将所有已经获取到的信息向全新的信息转变。

（二）基于物联网技术的智慧图书馆建设内容

1. 电子读书证

一般来说，为了便于图书馆的管理员对用户进行管理，用户进入图书馆之后需要以读者证作为凭证，而智慧型图书馆则以电子读书证作为依托，有利于提高管理读者和管理图书馆的效率。读者教育信息、消费信息和个人身份信息以及借阅图书的记录都包含在读者的电子读书证中，图书馆通过终端读卡设备可以对读者借还图书记录、次数和进出图书馆的时间进行监测，并将这些信息收集起来为每位读者建设专属的信息数据库，从而有利于图书馆的工作人员管理读者信息，对读者的行为进行分析。一名新的读者在智慧型图书馆发生进馆行为，首先要在服务台登记自己的信息，图书馆员会根据读者的真实身份信息将一个全新的读者证号码提供给新读者，用户可以利用微信或邮件以及短信的完成信息验证工作。其实，电子读书证是一张图片，可以在读者的手机或其他移动设备中进行存储，帮助读者免去制卡的程序和成本。互联网是智慧型图书馆注册的平台，读者进入图书馆网络将自己的注册信息填写清楚，与以往烦琐的流程相比更加方便简单。读者完成了注册工作之后，图书馆员在线上对其信息进行审核，将读者的基本信息以图像的方式绘上，再向读者的终端设备发送。读者在智慧图书馆进出，都要以电子读书证作为凭证，不仅有利于图书馆管理效率的提升，还能帮助读者在信息认证环节节省时间和简化程序。

2. 自助借还系统

智慧型图书馆包含多个管理系统，其中最常见的系统之一是自助借还系统，软件工程技术、射频识别技术和网络传输技术是该系统运用到的核心技术，这些技术在物联网技术的作用下进行融合并在自助借还系统中应用。在智慧型图书馆借还系统中最常见和最重要的技术是无线射频识别和条形码识别，两者之间相比，无线射频识别的成本虽然高，但是具有较高的管理效率，条形码识别虽然成本较低，具有较强的抗干扰能力，但是需要人工操作才能完成。因此，将两种识别技术结合使用，将发挥出各自的优势。就射频识别来说，它是一种智能电子标签，在这个标签上可以将产品的信息录入，在非接触式设备的作用下采集信息，提高管理物品的效率。在大型图书馆中往往珍藏了几十万乃至几百万册书籍，对图书馆来说，对这些图书进行管理，工作量十分大。所以图书馆员会以图书编码作为依据归纳图书的类别，然后再把读书放置到相应的书架上。在图书管理和借阅环节广泛使用射频识别，便可以将操作流程进一步简化。读者如果到图书馆借还书籍，在该系统的作用下，读者只需要在机器上平放图书，根据机器的提示便可以自助完成借还书籍。如此一来，将读者借还书籍的程序大大简化，为他们提供了更加人性化和便利的高效服务，也降低了图书馆员的工作量，进一步降低了服务成本，让图书馆员的工作不再局限于整理藏书，更多的是向读者提供咨询辅导服务，从而进一步提升图书馆的服务能力和水平。在图书馆中启用自助借还系统和射频识别智能图书管理系统，改变了以往的服务方式，为图书馆带来了新的变革，使其成功向智慧型图书馆转变。

3. 智能书架系统

智能书架系统也是智慧型图书馆中常用的系统之一，该系统的应用有利于大大提升读者查阅图书的效率，帮助图书馆馆员减轻工作量和工作压力，射频识别技术也是该系统的核心技术。在射频识别技术的基础上，在智慧型图书馆中建立起射频库存系统，图书馆利用该系统能够准确地找到图书的位置，让图书馆中书籍摆放杂乱的问题得到解决，图书馆员还可以对多本图书进行扫描，整理图书的效率进一步提升。而且射频码安装在每一本藏书和每一个书架上，通过终端读写设备进行读写，就能够发现图书的具体信息和位置，从而找到图书所在的书架。在智能书架系统的作用下，读者能准确定位到自己所需书籍的位置，提高了图书寻找的效率。

读者服务和采集信息以及数据服务是智能书架系统的三个主要模块，其中读者服务模块的主要内容是借书和还书。有两个电子屏幕安装在智能书架的两面，一块触摸屏是为了便于借书者查询，另一块感应屏的功能是为还书者指路。在具有查询功能的触摸屏上，读者在屏幕中输入自己所需书籍的作者、名字的信息，屏幕上就会显示出准确的3D路线导向图，引导读者根据路线迅速找到自己所需要的书籍。智慧型图书馆中珍藏的所有图书背面全部拥有电子标签，这是为了与智能书架共同结合应用，该电子标签包含了图书所在的列数和排数等位置信息，读者通过电子标签，也可以将书本放回原先的位置。为了解决图书馆中书架较多给带来的查阅问题，图书馆可以将射频读写安装在书库里，当读者将图书背面的电子标签放在读写机器上进行读写，放置了该本书籍智能书架的侧面感应屏就会一闪一闪，将图书的书名显示出来，让读者迅速找到书籍应该放的位置。

4. 用户行为分析

智慧型图书馆以大数据技术和互联网技术作为支撑，不仅能为读者提供更高效的服务，还能通过这些技术对读者的行为数据进行深入分析，如读者借阅书目的信息、下载资源的信息和读者的检索信息，对读者的阅读需求进行了解，从而让图书馆管理人员根据读者的需求分配图书资源，为读者提供个性化的服务。在智慧型图书管理系统的作用下，对读者的下载信息、访问信息和借阅信息以及离开信息进行记录、采集，便能对读者的借阅习惯进行分析。智慧型图书馆应该充分发挥物联网技术和大数据技术的作用，摸透读者潜在的行为信息和阅读需求，为他们的个性化阅读需求带来更高质的体验。

信息化技术的发展推动了人们步入大数据时代，使人们掌握了海量的数据，这些数据的价值也在不断提升，受到越来越多的重视。现在，每一位用户的浏览痕迹和阅读信息都会在数据空间中留下痕迹，从中便能对用户的潜在需求和研究方向进行分析，将这些电子资源访问数据进行收集和整理，建立数据档案，具有很大的使用价值，有利于智慧图书馆的建设。

在智慧型图书馆的构建中，物联网技术发挥了积极的推动作用，图书馆应该充分发挥物联网技术的资源和优势，不断建立和完善智能书架系统和智能借还系统，以读者的行为数据和需求数据作为依托或基础，为不同的用户提供与他们需求保持一致的精准化和个性化服务，促进图书馆服务效能和管理效能的提升。可以说，现代化图书馆未来的发展方向便是建设智慧图书馆。

三、人工智能在智慧图书馆应用的路径

近年来，人工智能技术在图书馆各项工作中的运用日益增多，在给我国图书馆的服务理念、服务内容及服务方式等带来了历史性变革的同时，也使智慧图书馆的发展步伐进一

步加快。下文就人工智能技术在智慧图书馆服务中的应用进行可行性分析，研究如何让人工智能帮助馆员做更多、更细致、更全面的工作。

（一）智慧图书馆馆藏数字资源的有效整合

目前，现代图书馆数字资源整合与发现系统主要有：Findplus、Summon、维普智图、超星发现等，图书馆能做到的数字资源整合，还远远达不到为读者自由获取信息资源的实际要求。读者在图书馆检索文献时，会显示书评以及随书光盘下载链接等少量信息。目前，图书馆资源整合主要方式包括 OPAC 系统的纸质文献和电子文献关联整合、异构数据库元数据抽取整合、异构电子资源库接口链接整合等几种模式。元数据整合、接口整合已经成为主流的平台整合方式。传统图书馆的数据处理由于受数据获取和分析能力的制约，采用数据采样或抽样的方式处理数据，通过少量的样本数据，使用数学或统计学模型近似地描述变量之间的特征或规律，进行趋势外推到总体特征。智慧图书馆中数字资源的整合指的是，综合运用各种技术、方法和手段对图书馆相互独立的各种数字资源进行优化，重新将其结合为一个新的有机整体，形成效能更好、效率更高的数字资源体系。

智慧图书馆运用人工智能技术可做到数字资源的深度整合，而人工智能技术的应用则是依据信息用户的需求，对各个相对独立的数字资源中的数据单元、功能结构及其互动关系进行揭示和融合。它不仅是对数字资源本身的集中化整合，而且更是对数字资源相关数据的整合，使智慧图书馆中数字资源更趋于有序化。人工智能技术使传统图书馆馆藏数字资源的有效整合、数据处理方式和数据处理思维模式发生了根本性的变革。

（二）智慧图书馆数字资源的智慧检索

"互联网+"技术的快速发展，以计算机技术、网络通信技术、多媒体数字技术等为依托的人工智能技术广泛应用，使传统图书馆的馆藏结构、信息服务方式与服务理念等正在发生改变。目前，传统信息检索的方式仍然面对很多的障碍：即网络建设本身存在缺陷、检索工具效率不高和人员本身素质不整齐等。读者在海量信息中精准检索并筛选到符合自己需求的信息资源，既是一件专业的事情，又是一件烦琐的事情。如何在海量的网络信息资源中快速准确地找到目标信息，减少读者检索的负担，人工智能检索技术在智慧图书馆中广泛应用就显得尤为重要。与传统网络检索相比，智慧图书馆中的人工智能检索可通过提取信息的语义内容来实现匹配和推理，实现从基本的文献检索到知识检索的转变。它可以根据读者的检索行为，通过算法来满足读者的要求，进而将符合读者需求的信息资源进行智能筛选并呈现给读者，使检索更加便捷和精准。

人工智能技术可帮助馆员或者系统自动完成一些咨询服务，让馆员能从事更加具体的咨询服务。其中语义分析、智能回答、垂直搜索和业务系统的一站式接入平台系统是开展这项工作的关键。而且语义平台已经能够提供覆盖多垂直领域的语义通用场景，提供海量通用问答资源，支持亿万量级词典的复杂语义空间建模，以及自定义文法和通用文法的混合解码。同时支持 Andriod、IOS、JAVA、Linux 等多终端形式接入，通过多样化的结果输出，满足应用的个性化定制需求。目前的语义分析系统非常发达，已经达到能对中文、英文、日文，甚至部分方言的自动语义分析。

（三）智慧图书馆服务模式的全新打造

差异化和个性化的服务是互联网时代的一个重要特征，图书馆也不例外。这种差异化、个性化的服务需要人工智能技术依托大数据方式来完成。

1. 图像识别技术：精准识别读者，为读者服务工作提供有效数据支撑

图像识别技术运用到人身上主要是人脸识别，是基于人的脸部特征信息进行身份识别的一种生物识别技术。用摄像机或摄像头采集含有人脸的图像或视频流，并自动在图像中检测和跟踪人脸，通常也叫作人像识别、面部识别。人脸识别已有 30 多年的研发历史，现已开始深入到我们的生活，并改变着我们的生活。2017 年第一家阿里巴巴的无人超市、第一家刷脸取现的银行的出现，则将这一技术推进到更高领域的实际应用。与其他的验证方式相比，人脸识别不需要读者专门配合采集设备，在远距离、自然状态下就可获取人脸图像，隐蔽性更好。

图书馆采用人脸识别技术可以有效完成大量到馆读者的身份管理。这种技术对于提升我们的服务有至关重要参考意义。对于图书馆来说掌握非有效读者到馆规律非常的重要。每年图书馆到馆读者几百万人，但真正有效读者和非有效读者的比率一直是困扰着我们的统计工作，没有哪个图书馆能说清楚这一比例。传统图书馆读者到馆统计一般都是使用客流统计系统完成，大部分技术平台系统是根据头，双肩三点测定，判断进馆与出馆行为。如果应用人脸识别系统进行统计，根据有效读者的进馆数据分析，系统可将一些实时的推荐信息发送到读者移动设备中，比如借阅信息、兴趣阅读信息等，可以在原有进馆出馆统计的基础上完成有效读者和一般浏览性读者的区分。如果我们能准确掌握这一个比率就可以在服务中有所侧重，这对于提升图书馆读者服务效能非常重要。再比如，电子阅览室上网服务、网上报名签到服务、读者到馆统计服务、读者数字图书馆快速访问服务等。电子阅览室上网服务需要读者每次上网都要提供有效身份证明，如果应用人脸识别技术在读者第一次持身份证或者读者证登记注册后，而后再次上网可能只需要几秒钟进行人脸识别就可以完成上网的登记，从而可极大方便读者使用电子阅览室。

2. RFID 识别技术：节省读者等候时间，提高工作效率

依赖于物联网、智联网的传感技术、智能感知技术和云计算技术，在硬件基础设施和软件技术的支撑下，智慧图书馆能够提供智慧化的管理和服务。RFID 本身就是一种初级智能设备。目前，图书馆在借阅环节使用 RFID 技术已经成为一种主流，可以完全实现图书馆借阅服务的人工智能化。随着超高频标签技术门槛的不断降低，人工智能将会赋予 RFID 更多的信息，如读者信息、图书馆座位信息、预订图书到馆信息等。越来越多的图书馆采用超高频标签，实现了读者带着书经过一个探测门就能完成借阅，为实现无人超市式的借阅场景提供了可能。图书馆现超高频的标签（860~960MHz）具有技术优势，其价格低、识别率高、识别时间短等。要完成一个快速借阅过程需要人工智能技术中人像识别和标签识别两个系统的密切配合。现在的人像识别技术可以让身份识别在 5 秒之内完成，通过与业务系统的对话实现提取读者证号的功能。而超高频标签识别系统对于超过 1 米以外的图书都能够实现读取，并完成借阅。目前这一系列的技术非常成熟，各种应用设备的价格也趋于合理。同时，人工智能引入门禁系统会在有效距离内自动识别到读者，读者可无障碍进出图书馆，人工智能设备将引导读者找到所需的文献信息资源。

3. 语音识别技术：实现无障碍服务

语音是人类交流最自然的方式，人类通过语音传递和接收信息比其他任何媒介接收信息都要简单、方便和快捷。这些优点决定了语音识别是智慧图书馆无障碍服务最有效的方式。语音识别技术不受传统人工咨询服务时间、空间和人力的限制，能够无障碍地满足日益增长的读者服务需求，特别是能够帮助弱势群体，如老年人和学龄前儿童、阅读障碍症等进行文献检索和阅读。中国国家数字图书馆 App 和上海图书馆 App，均采用了语音识别技术，读者可通过语音输入代替文本输入进行馆藏资源搜索。语音识别技术能将文字转换成语音，可以提供语音朗读，让视障人士通过听觉来获取信息，解决文本输入困难的问题；反之，还可以将音频中的语言转换成文字，为听障人士提供文字阅览。另外，语音机器人服务还可以代替馆员为读者提供多种服务，如馆藏资源搜索、参考咨询、学科导航等。

（四）智慧图书馆系统分析与管理

随着人工智能技术的不断发展，图书馆的服务模式和读者的阅读方式正在发生巨大的变化，读者服务工作中产生的数据也越来越具备了大数据的特征，将人工智能技术与图书馆业务相结合，挖掘分析隐藏在读者行为大数据背后的价值，是智慧图书馆领域研究的热点之一。基于大数据基础之上的人工智能技术可从不同角度对图书馆的读者行为数据进行深度关联分析，探索发现隐藏在数据背后的模式和规律，进而可以形成大量的数据报告。

人工智能技术通过一种对读者人群进行分类的算法，可以根据读者的借阅记录特征，比如借阅书目、借阅时长、借阅频率等来对读者进行分类，从而能标示出读者借阅画像。人工智能系统将自动把读者的兴趣、爱好等与文献联系起来，形成一个完整的读者借阅画像，并能完成实时的推送服务。比如，辽宁省图书馆目前拥有业务系统、OPAC、统一检索系统、读者个人图书馆、统一认证系统、人流统计系统等多个系统平台的数据集合。其新馆利用人工智能技术进行读者行为数据的实证研究，重点是读者结构、读者阅读心理、读者阅读需求、读者阅读行为、读者馆内轨迹的研究，建立了比较清晰的读者画像，通过人工智能分析系统总结出近10年该馆读者的阅读倾向的变化、读者结构的变化、读者阅读习惯的变化等，为业务工作提供了科学依据，也为辽宁省图书馆的创新服务提供了新思路和选择。

　　智慧图书馆是在移动互联网、云计算、大数据、物联网等高新信息技术的支撑下，实现图书馆实体空间与虚拟空间的有机融合，通过人工智能技术的运用达到馆藏信息资源充分利用，服务高效、便捷，低碳环保运作，体现以人为本的智慧化服务和智慧化管理的新型图书馆。利用新的信息环境下的各种智能设备、智能系统、移动网络等分别对读者、实体图书馆的图书、期刊、座位和数字图书馆的文献资源、智能设备等进行统一智能管理，以提高管理效率。图书馆嵌入人工智能技术，可以实现智慧化控制以及高效管理。传统的图书馆管理更多的是依靠基于人的感知、经验和预判来进行的图书馆管理。受限于个人的能力等因素，具有一定的局限性。人工智能技术可利用数据分析和数据算法将多维度、多视角的内外部数据紧密结合起来，建立读者服务的模型，帮助智慧图书馆的管理者作出智慧的判断。这种基于大数据的人工智能分析可以为图书馆决策者制定图书馆发展政策提供决策参考，可以建立人工智能的服务辅助管理系统，有效拓展图书馆的服务领域，从而提高图书馆的读者服务水平和效能。

（五）智慧图书馆网络的安全管控

　　人工智能以网络和大数据为依托，保护网络和数据安全是发展人工智能的前提。网络安全是图书馆人工智能服务必然保障。网络时代图书馆对于读者数据大多数是在读者未授权或者不知情的情况下获取的，有着很强的私密性，比如一些读者的搜索数据、借阅数据，读者的一些阅读模型只有研究意义，不具备公开条件。基于大数据基础之上建立起来的人工智能信息分析系统，在数字资源云存储、智能安防方面发挥着举足轻重的作用。首先，可以对所有到馆读者数据进行精准分析，全面掌握各类图书借阅或访问信息及文献利用率情况，为智慧图书馆管理提供重要依据。其次，可获取读者借阅信息，为分析阅读者兴趣的要求提供了保障，最终实现向读者主动推送所需要的文献资源。再次，可以保护读者数据和隐私。最后，可以建立技术屏障，防止不法入侵数据平台分析系统，免除读者行为数据泄露或被他人窃取。

（六）智慧图书馆打造智慧咨询馆员

智慧图书馆为读者提供更加个性化、全方位的信息服务，需要借助智慧咨询馆员运用人工智能技术，采用新的语义分析技术去分析读者咨询中的对话问题，对馆员要求较高。传统图书馆使用的是FAQ（Frequently Asked Questions），也是最早的智能服务形式之一。在线咨询馆员服务是将读者咨询频率较高的问题汇集起来形成FAQ服务。这是一个人工筛选的过程，需要读者自行到FAQ合集里去寻找想咨询的问题，虽比较被动，但FAQ服务的确发挥了重要作用。而目前很多图书馆除了应用人工智能技术，努力打造智慧咨询馆员外，也引进了智能馆员机器人，完成读者一般性的咨询问题。如辽宁省图书馆2016年引进了服务机器人在服务大厅完成读者一般性咨询问题、馆舍功能介绍、读者引路等服务。其后台对接的一个开放性的云语义平台，带给读者的不单单是一个咨询问题的解决，更多的是读者对于数字图书馆的一种应用体验。机器人的服务将随着语义分析技术和语义平台技术的进步将有进一步的拓展，将来可以完全替代馆员完成导引服务。类似苹果智能"siri"等智能机器人迈入了一个新的发展期，未来将影响甚至改变图书馆的信息服务工作模式。

人工智能技术的不断完善和创新，已经成为智慧图书馆有效融入网络时代的一个重要工具，智慧图书馆要以更积极的姿态拥抱人工智能，并将现有智能设备和人工智能技术有效融合，建设更加全面、更加多元化的智能图书馆服务。需要明确的是智慧图书馆建设与发展是一项长期而又艰巨的任务，在人工智能的融入过程中，图书馆的职能作用和馆员的职责都不会发生变化，变化的只有服务方式和手段。人工智能技术和图书馆服务的深度结合，一定能为读者提供多样化、个性化的信息服务，创造一个面向未来的智慧图书馆。

四、5G智能时代下的智慧图书馆建设

5G技术带来的普遍连接，从速率、范围和成本各方面来看，能够促进万物互联的发展，特别是能够连接起传感网、物联网和知识网，最终刺激各类智慧应用的开发和普及。图书馆既是其中知识网的一部分，又能够利用到物联网和智能楼宇所获得的数据进行分析决策，提供感知、定位、识别、导航、推送等各类个性化智慧服务。在4G时代并非没有这些技术，但碍于传输速率、接入能力、时延过长和可靠性等缺陷，不可能形成规模化发展。

5G在智慧图书馆中的主要应用领域如下：

（一）无感借阅与导览导航

用户在进入图书馆时进行的多重身份验证不仅会使用到 5G 高速网络，还会使用到人脸识别技术等，在接入网络的瞬间还会连接图书馆的门禁闸机系统、智能座位系统、智能书架系统以及各种行为探测器，可以让读者没有任何障碍地完成取书、阅览和归还等步骤，系统会通过后台完成各种手续，用户可以在终端上获取各种信息。

用户在图书馆中的导览导航既可以通过终端 App 实现，也可以通过图书馆的设备实现，导览系统还可以提供 AR 服务，这是利用 5G 超高移动带宽和定位技术实现的，这种导览服务既可以是视频和语音的方式，也可以由虚拟形象提供，馆内的每个区域都有对应的介绍，用户既可以选择功能区域，也可以使用导航。

（二）精准推送

智慧图书馆的精准推送服务可以为读者推送相关的内容和服务，它借助的是大数据技术，可以对读者的阅读偏好和行为进行分析，还可以创新阅读服务，如开展游戏化和多媒体阅读。技术的不断进步与发展让阅读体验更加多元化，这也意味着用户终端需要更高的性能，不过系统可以通过 5G 技术在云端服务器运行，随后向用户传递运行之后的音频和画面，让用户用较低的成本就可以享受到较好的服务。

（三）智慧书房与云课堂

图书馆公共文化服务中包含了主题空间，其服务内容是将个性化空间提供给有需要的人，根据他们的需求提供信息资源和设备以及相应的管家服务。空间中的设备与用户终端可以借助 5G 和物联网技术进行联网，方便用户选择和使用各种资源，让用户享受到"市民大书房"。

图书馆可以通过 VR 的方式在实体和虚拟空间开展会议、培训以及讲座等各种活动，用 AR 方式展现资料课件，整个授课过程可以通过 AI 教室观看，高质量的 VR/AR 业务同时要求高技术和高水平的带宽和时延，而 5G 超宽带拥有的高速传输能力既能够增强 VR/AR 的互动体验，也能够提升其渲染能力，从而让用户拥有更好的服务体验。

（四）超清全景互动直播

5G 网络中的一个核心场景就是超高清视频，这是得到业界公认的，被大范围地应用在智慧图书馆应用中心，5G 网络自身优秀的承载能力能够保证视频的传输，图书馆可以利用多点定位摄像头实现全景的活动直播与互动，或是利用该技术让读者借助 VR 装置远程观看图书馆的各个主题空间，这不仅能够让读者获得沉浸式的体验，还可以让他们实现虚拟互动。

（五）机器人服务

AI 技术的进步与发展诞生了大量的虚拟或实体智能机器人，它们都可以服务于智慧图书馆，在 5G 技术中，其高频可以帮助图书馆实现精准定位，而多天线技术则能够实现高宽带通信，机器人之间可以通过毫秒级低时延技术完成互动，所有的控制都会非常精确和高效，进而提升服务水平。图书馆的机器人可以提供自动参考咨询服务，其中盘点机器人具备自动采集和预测信息、物流、智能仓储以及盘点等不同的功能，同时会将数据上传中央库，盘点机器人既可以对业务进行差异化处理，又具备灵活的移动性，这些都得益于稳定且高速的 5G。

第三节 元宇宙与智慧图书馆建设

随着政府及各行各业的积极探索和大力尝试，元宇宙将被广泛应用于未来的多个重要领域，同时成为文化事业和文化产业构建服务新场景的关键力量，图书馆亦是如此。就图书馆领域而言，随着元宇宙从概念走向现实，其必然会对图书馆的全智慧转型升级产生重要影响。作为一种技术集成，元宇宙在数字孪生、虚拟现实、人工智能、机器学习等各类新兴技术赋能作用下将重塑图书馆服务体系，从以往面向个人的单一服务转变为面向集体的多元智慧服务，从内容与表达创新、平台与机制创新、渠道与服务创新等方面，彰显当代图书馆的智慧。

自智慧图书馆概念提出至今，虽然经过了数十年的发展与探索，但仍处于"伪智慧""局部智慧"阶段，智慧图书馆向大众提供的智慧服务亦是一种"有限的智慧"，深受时空客观因素的限制。元宇宙的出现为图书馆的全智慧转型升级提供了新的理论指引和实践参考，让图书馆的服务边界得到拓展，服务空间得以延伸，为更好地提供用户服务以及进一步强化智慧时代图书馆的文化保存、知识交流、社会教育和休闲娱乐等职能带来了更多可能。从这个角度看，作为智慧时代的一种整合多重新兴技术的空间形态，元宇宙能重塑图书馆服务体系，包括但不限于内容场景、呈现方式、用户体验等多个方面，为建设全智慧图书馆提供了前所未有的机遇。正因为如此，从元宇宙角度探讨图书馆行业的智慧转型和服务升级，既很重要，也很必要。

一、元宇宙为智慧图书馆建设提供支持

在元宇宙创新赋能下，智慧图书馆建设加速，已然成为图情行业的发展新方向。2021年11月，湖南图书馆举行"元宇宙"主题分享交流会；2022年5月，元宇宙与虚实交互系列论坛组委会、全球元宇宙大会中国移动通信联合会、上海外国语大学数字学术中心等机构共同举办了元宇宙图书馆系列学术论坛——"天堂的具象：图书馆元宇宙的理想"；2022年12月，高校图书馆界首次在元宇宙场景中举办了"元宇宙与智慧图书馆"高端学术论坛。由新华传媒运营的全球首家具有元宇宙特性的智慧图书馆——临港数字科技图书馆，计划于2022年底在上海正式开馆营业。随着元宇宙落地应用，其与智慧图书馆建设之间形成了独特的发展联系，这也使图情领域工作人员及专家学者高度关注元宇宙，并积极思考元宇宙与图书馆事业结合可能带来的崭新前景的重要原因之一。结合当前学界的相关研究成果来看，元宇宙对智慧图书馆建设的影响主要有两点。

一是元宇宙能为智慧图书馆建设提供技术支撑。在数智化时代，元宇宙作为一种技术集成，能为智慧图书馆建设提供强力支持。例如，元宇宙利用底层通信技术，可为智慧图书馆构建低延时、高可靠度、低功耗的通信服务网络，同时利用5G增强型移动宽带技术，让图书馆为读者提供更优质的上网体验。元宇宙支持大规模人群和多设备实时在线，可为用户提供超高清影视、直播等服务，满足智慧图书馆的线上、线下日常活动需求。作为元宇宙技术核心，区块链技术和非同质化代币（NFT）体系是数字资源（数据）生产、确权以及交易的重要保障，能助力智慧图书馆建成数字资源存储、连接、交易、共享和管理的良好生态体系，为智慧图书馆的各项服务背书。此外，在元宇宙环境下，图书馆可以依托虚拟仿真、数字孪生、人工智能等技术，完成自身的智慧升级，根据现实图书馆的建筑构造、空间布局、内容服务，建设立体式、沉浸式虚拟图书馆空间，从而在原有基础上尽可能延伸和拓展用户服务，进一步增强读者体验。当然，在元宇宙赋能下，大数据、物联网、云计算等新兴技术还能为智慧图书馆捕捉用户需求，大力拓展数据来源和服务范畴，为进一步开展精准推送服务提供有效支撑。综上所述，作为一种技术集成，元宇宙已然是建设智慧图书馆的重要基石。

二是元宇宙能促进智慧图书馆空间融合。元宇宙最显著的特征就是虚实互融，这也是智慧图书馆主要的建设方向。在元宇宙环境中，现实时空和虚拟时空不再受到限制，而是"你中有我，我中有你"，相互交融。在现实时空之中，物理空间、社会空间和信息空间共同构成真实的三元世界。在虚拟时空中，各种数字技术交织形成真实三元世界的镜像。智慧图书馆建设的核心目标之一，便是通过各种数字技术，实现现实空间和虚拟空间的有效延伸和深度融合，从而产生智慧服务的新模式和新业态，为用户提供更具智慧的图书馆服

务。全国智慧图书馆体系也明确指出,要加快线上线下融合空间建设,包括实体智慧服务空间和在线智慧服务空间。这其中,传统图书馆的实体空间仅仅是一个智慧入口,是融合、连接虚拟空间并向用户提供各种智慧服务的起点。从传统图书馆的实体空间到智慧图书馆的物理空间和数字空间,虽然虚拟空间与现实空间经由一系列数字信息技术实现了有效连接,并给予用户更优质的体验,但缺少一种"天堂的具象"———一种能够给人全方位体验的沉浸感。元宇宙作为一种虚实融合空间,能通过人类数字文明的科技"大成",以图书馆的现实空间为节点,营造一个具象化的虚实融合空间,让每个用户都可以打破时空限制,拥有专属的图书馆,自由享受图书馆的各类智慧服务,实现更高效率的知识获取。

二、元宇宙在智慧图书馆中的应用场景

无论是技术应用角度还是空间融合角度,元宇宙都是跨时代的存在,其凭借极致体验和智慧用户服务,将开启图书馆的智慧前景。基于前文的设想和智慧图书馆的服务需求,笔者细化了智慧图书馆的四大应用场景。

第一,智慧场馆服务。在元宇宙环境中,图书馆借助大数据、云计算、人工智能等技术,可以充分整合各大系统的关键信息并进行自主感测和分析,从而对包括图书馆业务、图书馆服务、场馆活动以及公共设施在内的各种需求作出智慧响应。同时,图书馆能通过5G网络实现智能设施和虚拟空间的互联互通,实现图书馆虚实空间的智慧管理和自主服务目标,从而为到馆读者创造更高效、更丰富、更全面的场所环境,进一步优化用户的服务体验。在元宇宙的技术支撑下,图书馆将变为一个智慧场馆,能通过捕捉用户行为向用户提供各种智能服务,如利用传感器摄像头、自动应急响应、风险预警、联动控制等智能系统,实现智能安防和实时监测,或借助5G的高可靠连接、增强型移动宽带和海量低功耗连接,使用户能够在虚拟空间同时举办讲座、会议、培训等多种活动,以超高清视频和VR视频实现全面互动。智慧图书馆不仅能够强化用户体验,而且能够通过大数据和云计算的精准推送,满足用户的各种个性化信息需求。

第二,智慧机器人服务。智慧机器人作为元宇宙时代的代表性成果,必然会在智慧图书馆建设过程中发挥更大的作用。在元宇宙环境下,由于人工智能技术的发展应用,各类虚拟和实体机器人将更多地出现在智慧图书馆的服务系统和服务场景之中,并借助稳定、高效、及时、精准的通信技术承担更多的服务使命,给予用户更极致的体验。例如,随着元宇宙技术的应用,更多实体智慧机器人将出现在图书馆的不同系统之中,如自主应答和导航机器人、盘点机器人等,前者能对用户咨询的问题提供相应解决方案并导览导航;后者具有智能仓储、物流和盘点功能,能根据用户的使用情况同步相关数据至图书馆智慧中枢系统,为图书馆优化用户服务提供决策参考。此外,在图书馆各类线上服务空间内,也

会出现更多的虚拟机器人，它们能在不同的场景中为用户提供内容查找、知识传递、实时沟通等服务，同时还能借助低延时技术实现不同系统、功能分区中的机器人互动和协调，从而提高不同场景的用户服务质量，凸显图书馆的服务智慧。

第三，云场景互动服务。基于元宇宙的空间融合特性，智慧图书馆实体空间和虚拟空间之间的隔阂将被彻底破除，用户可自由出入。在此背景下，图书馆能同时在线上和线下举办讲座、会议、培训等活动，活动以云场景为依托，能借助区块链技术秘密保存或确权发布。用户甚至无须在场，便能通过智慧图书馆的云服务场景享受实时在场体验，以此获得沉浸式、具象化的内容服务，并借助实时互动自由交流和沟通，切实提高学习效率。不仅如此，随着云场景的构建和应用，图书馆的各类服务场景将不再受到时空因素的限制，智慧图书馆将根据大数据、云计算等技术捕捉用户需求并精准向用户推送个性化服务。届时，用户可通过可视化、具体化的云场景服务实现阅读创新，如通过游戏化场景阅读，或是在传统视听阅读中融合沉浸阅读元素，充分感受智慧图书馆的强大性能和至臻服务，从而真正爱上阅读、爱上图书馆。值得一提的是，由于区块链等核心技术的应用，基于元宇宙的图书馆智慧云场景具有安全稳定和隐私保护等特性，能真正实现以人为本的图书馆服务宗旨，在数智化时代将赢得广大用户的青睐。

第四，区域联盟服务协同。在元宇宙的技术支持下，智慧图书馆的区域联盟和行业协同能力将大幅提升，主要包括远程资源共享、服务信息同步、互动直播、自助馆际互借、用户驱动出版等。基于元宇宙的多重技术特性，智慧图书馆不再是单一的服务机构，而是与跨区域场馆形成一体化服务场所。所有智慧图书馆既可以利用技术赋能实现线下资源的共建共享，也能通过线上虚拟空间的互联互通实现一体化服务目标，从而进一步提高图书馆的服务效能，实现信息、知识、文化服务模式的智慧升级，为数智社会建设提供更强劲的动力。

三、建设基于元宇宙的智慧图书馆服务平台

行业要想实现智慧图书馆建设目标，就必然要在图书馆服务平台建设过程中融合各种先进技术，开发多元智慧应用。元宇宙作为各种尖端技术和智慧应用的集合体，自然要在智慧图书馆服务平台建设过程中发挥自身的能力，助力智慧图书馆建设。

现阶段，全面支撑智慧图书馆服务的理想平台 FOLIO 正处于研发阶段，被业界视为目前最理想的第三代图书馆服务平台。结合元宇宙来看，由于 5G、人工智能、物联网、区块链等先进技术的集成式应用，其计算能力、计算容量、响应速度等更甚，不仅可以实现按需调用和灵活编排的目的，让每个功能都可以对外提供服务化接口，而且还能将现阶段互联网微服务应用的点对点紧密耦合的网络架构，转变为全新的服务化松耦合架构。在此

背景下，具有新一代图书馆微服务架构的智慧平台 FOLIO，由于技术包容性、内容多样性和服务延展性等先天优势，自然成为元宇宙落地应用的理想平台。

从理论上看，当元宇宙应用于新一代智慧图书馆服务平台 FOLIO 后，其底层技术将全面赋能平台智慧升级。在虚拟现实技术（VR、AR、MR、XR 等）的赋能下，智慧图书馆服务平台可通过可穿戴智能设备向用户提供智慧借阅、智慧导航、智慧查找等服务，真正实现智慧服务目标；在区块链技术赋能下，智慧图书馆服务平台上的所有数字资源均可通过全节点认证、不可篡改等技术特性得以确权，从而高效解决图书馆数字资源保护、认权、管理等问题，甚至在馆际沟通、图书馆—作者之间的深度合作以及数字资产的流通、增值等过程中发挥重要的促进作用；在数字孪生技术赋能下，智慧图书馆服务平台性能得到大幅提升，如在读者借阅过程中，基于数字孪生技术的智慧图书馆服务平台将实时为用户展示、推荐馆藏资源和构建个性化虚拟阅读空间，并结合用户的阅读习惯、阅读偏好和阅读场景，绘制用户孪生画像，将其保存至个人身份系统之中，以便下次为用户提供更精准、高效的服务；在 5G 甚至 6G 等网络通信技术的赋能下，智慧图书馆服务平台将支持超仿真多阅读场景构建、大流量可视化内容展呈、大规模全景式实时互动等服务，同时以低成本、低消耗模式保持服务速度和服务效率，给予用户前所未有的优质体验。总之，在元宇宙集成式技术的赋能下，新一代智慧图书馆服务平台 FOLIO 将拥有无限可能，甚至会颠覆现阶段图书馆的服务模式，呈现全新的智慧和潜能。

四、元宇宙可能给智慧图书馆建设带来的风险挑战

作为未来智慧社会的必然趋势，元宇宙对图书馆这一专业领域而言，用好能促进图书馆的全智慧转型，用不好也极易导致行业发展陷入歧途。因此，我们必须充分了解其风险挑战，做好应对准备。

（1）元宇宙与生俱来的伦理挑战和应用风险

目前，元宇宙还处于飞速发展阶段，相关法律法规仍未完善，这也意味着我们在关注元宇宙应用前景的同时，也要注重元宇宙背后的科技伦理，相关部门更要加快完善法律体系建设，从而为各行各业提供指导遵循。在元宇宙构建的虚实融合空间内，基于用户行为和生物特征的数据采集与分析将成为其发展和运行的基础，但现有的个人信息和数据保护方面的法律法规和伦理规范远不能应对这一新趋势，这也导致元宇宙应用于图书馆服务后，极可能出现隐私泄露等问题。

（2）元宇宙在智慧图书馆建设过程中存在的风险挑战

一是技术风险。由于元宇宙研究与实践还处于初期发展阶段，其技术局限性将对智慧图书馆建设造成极大影响。一方面，数字孪生、AR/VR、区块链、人工智能等元宇宙核心

技术成熟度不足，智慧图书馆距离落地应用还有一段时间。另一方面，元宇宙和智慧图书馆建设需要强大且稳定的算法和低成本的算力资源，从而支持智慧图书馆虚实空间全面融合和线上线下自由联通，这也对目前的图书馆技术研发和应用提出了极高要求。

二是产权风险。尽管区块链等新技术能为 UGC 的确权和追责问题提供技术路径，但确定 UGC 的初创者身份难度很大，导致内容产品著作权和交易体制分离。在元宇宙的赋能下，智慧图书馆将变成一个集体共享空间，用户在技术引导下必然会产生大量 UGC 内容产品，如何对这些独立或多人协作的 UGC 产品进行确权和保护，是行业需要思考的问题。此外，由于元宇宙能够实现虚拟空间与现实世界的自由切换和全面交互，大量虚拟空间内的内容产品将会随着用户传播到线下，这种跨越虚实边界的内容产品极易引发知识产权纠纷，从而增加图书馆知识产权管理的难度。

三是管理风险。基于元宇宙赋能的智慧图书馆将以一种去中心化治理机制实现服务目标，但这种发展模式由于技术特性必然会带有极大的开放性和不确定性，各种与图书馆有关的参与主体都会通过去中心化的方式开展协同合作，并希望图书馆真正变成一个和谐、多元的智慧社区。这种模式将无法套用现实世界现有的任何中心化制度体系实现运行目标，如何对此进行管理将成为一个不可避免的现实问题。

除上述挑战外，元宇宙的应用还存在不少争议，如作为一种技术集成，其应用于智慧图书馆建设过程中是否会给用户带来健康隐患（如目前学业界关于 5G 毫米波辐射的讨论，AR/VR 等虚拟现实技术应用于可穿戴设备中给使用者造成的眩晕不适等），元宇宙的技术复杂度能否支撑智慧图书馆的安全性建设等，这些都需要学界与业界在理论和实践中不断探索和完善。

第四节　基于智慧城市理念的公共图书馆建设

一、智慧城市与图书馆

就目前的文献定义来看，尚未有统一的对智慧城市的定义。国外，以 IBM 为代表的国际性组织给出"智慧城市"的定义为：运用信息和通信技术手段感测、分析、整合城市运行核心系统的各项关键信息，从而对包括公共安全、城市服务、工商业活动在内的各种需求作出智能响应。IBM 定义的实质是用先进的信息技术，实现城市智慧式管理和运行。进而为城市中的人创造更美好的生活，促进城市的和谐、可持续成长。

智慧城市在现实中有三层内涵：①经济上健康合理可持续。②生活上和谐安全更舒适。③管理上科技智能信息化。表面上来看，这是一个与图书馆毫无关联的内涵，实际上这三层内涵的每一层无不对现在的图书馆提出了更多更高的隐含性要求。这种隐形的要求我们可以这样解读：①经济上健康合理可持续发展——图书馆与文化产业的发展。②生活上和谐安全更舒适——图书馆与信息服务模式的改进。③管理上科技智能信息化——图书馆管理模式的智能化发展。

二、智慧城市对图书馆提出的新要求

实际上三层内涵所对应的三个方面都是图书馆工作的核心方面。近年来，有关"物联网""云计算""数据挖掘"的概念被广泛运用到图书馆理论与实践中。而这些概念恰恰是智慧城市技术层次的核心理念。

（一）智慧城市理念下的图书馆与智慧产业

智慧城市的建设与发展，将催生并带动出智慧产业的迅速发展。就智慧产业而言，目前尚没有统一的定义，但从现实的统计角度出发，我们可以按照《国民经济行业分类》，将其分为以下门类：服务业内的电信业、计算机服务业、软件业、科学研究和专业技术服务业、科技交流和推广服务业，以及互联网信息服务、咨询和调查服务、知识产权服务、会议及展览服务业。

国家对于文化事业和文化产业的政策出台后效果明显。如今的图书馆从当初仅仅向社会大众提供公益性的借阅服务，开始大跨步地融入文化产业的大潮中，进而成为文化产业巨大的内容服务商。当我们把图书馆与文化产业相联系的时候，我们应该如何给图书馆做一个准确的定位，智慧城市理念下的图书馆又应该如何做到自身角色的完美变换。

首先要明确的一点是：图书馆的基本职能是不会而且永远不会发生改变。图书馆是知识、信息的收集、加工、存储、组织、管理、传播的重要载体，信息、知识的收集与传播、组织和管理、应用与创新是图书馆工作的三个核心任务，只有这样才能最终实现图书馆自身的历史使命。

智慧城市理念下的图书馆对广大人民群众而言，同样为其提供精神文化产品的公益性功能不仅没有变化，反而是大大提升；对文化产业体系而言，它演变成为一个巨大的内容服务商，开始介入到文化资源开发和文化遗产展示的领域中来，而不再仅仅是一个收藏文献和阅览图书的场所。从传统的读书、看报、各种行业的资料查阅、上网、听音乐、看电影等娱乐活动，到家政装修咨询、商业活动的广告刊载情况等，事无巨细，无所不包。

智慧城市理念下的图书馆囊括科技交流和推广服务业、咨询和调查服务、知识产权服务。这种业务范围已经超出传统的范围，对文化产业来说，无疑增加了一个巨大的推动力。对于现代城市的发展融合，图书馆可以真正发挥自己信息中心的作用，而成为城市中心的一个亮点。

（二）智慧城市理念下的图书馆信息服务

智慧城市的核心是最大限度地开发利用信息和知识资源。在贝尔信的智慧城市理念学说中认为：数字城市、信息城市是被动地接收企业和社会公众的公共服务请求，而智慧城市是主动地发现企业和社会公众的公共服务需求，能够提供个性化的公共服务，并提前做好准备。

基于这种理念，图书馆作为信息服务的前沿机构，应该抓住机遇，通过物联网、云计算等信息技术的发展与应用，推动现代图书馆向智慧图书馆演进。智慧图书馆通过信息技术的运用，可以方便地实现用户之间、用户与图书馆、用户与信息资源以及信息资源之间的相互通信。它的最高阶段就是各部分都是由图书馆智能化地完成，无须人工干预，达到"智慧"状态。

现代的各级公共图书馆都或多或少地引进了一些电子资源，无论是自己购买的数据库，还是自己通过技术研发开发的特色馆藏数据库。都在不断呈现递增的趋势。事实上我们很容易忽略纸质资源与数字资源的整合与无缝连接。现实告诉我们，所有的公共图书馆都有一套固定的服务方式和体系，但是基于馆藏电子文献的服务和基于传统的纸质资源的服务完全是两个不同平台的两回事。我们的读者往往在这不同的信息类型之间徘徊。出于对不同层次人群的不同考虑，很难做到两者的整合利用，更不用说统一规范的加工组织。因此，我们需要建立一个基于统一平台的图书馆——复合图书馆。这种图书馆的任务是构建一个界面，建立一个统一的检索平台，在这个平台上实现图书馆的各种资源的有机融合，并最终实现无缝存取。

（三）智慧城市理念下的图书馆管理

传统的图书馆管理以经验管理模式为主。如图书馆的行政管理模式是垂直式的管理体制，带有强制性、任务性的硬性管理，人员缺乏激励措施，流动性很差，重藏轻用，效益与服务极差，社会影响很不好。随着20世纪末网络在图书馆中的广泛应用，一种基于网络的图书馆管理模式得到了普遍使用。这种管理模式，借助人机交互界面，为图书馆带来了较为人性化的管理方式。

网络环境下图书馆管理模式采用的是科学指标体系管理。科学指标体系管理包括基础业务管理、整体形象管理、文化态度管理和深层次的可持续发展管理；基础业务管理包括文献信息的采编、保管、流通、研究开发、参考咨询和读者辅导等。要把基础业务管理置于整个科学指标体系管理之中,识其地位,重其基础。整体形象管理包括:职工素质形象、对外服务形象和公共关系形象等,图书馆的现代管理方式变革与整体形象较高的逻辑起点密不可分。文化态度的管理是指通过管理方式的变革来力戒文化的封闭性、狭隘性和排他性,实现图书馆应有的开放性、超时空性、宽广性和涵盖性。以宽广的文化胸怀、较高的文化立意和深沉的文化内涵来迎接读者。深层次的可持续发展管理是指重视馆员的素质教育培训,这是图书馆人力资源深层开发和利用的基础。

智慧城市理念下的图书馆管理应当是网络环境下的深化和扩展,其管理方法更具人性化,管理技术更加先进。就目前图书馆领域所热议的有关"云技术""数据挖掘""物联网"等新鲜概念,尚未真正用到提高和量化图书馆的管理水平和管理模式上来,虽然有大篇的技术探讨,真正付诸实践还要以政府构建的信息管理平台为基础,需要各级图书馆管理和业务部门逐步吸收和借鉴其中的可取之处。智慧城市要求管理的智能化,服务的自动化、提前化。也许,智慧城市理念下的图书馆会逐步摆脱过往的行政管理体制的束缚,会变得更公开、公共、自由。

三、智慧城市理念下图书馆工作的设想与构架

(一)完善知识产权保护体系

要将信息资源建设、开发和利用建立在完善的知识产权保护体系之下。为此,我们要构建一个全新的图书馆组织构架。

图书馆组织架构重组的基本内容包含两项:一是图书馆职能解析;二是图书馆管理过程分析与重组,通过管理过程分析与重组。从职能来说,可以简单地将图书馆的业务部门分为采编部、流通阅览部、技术支持部、信息咨询部、期刊部等。从管理过程来看,可以简单地看作是对物流、资金流、信息流的管理过程。因此,图书馆若进行组织架构的战略调整,必须从这两个方面加以综合考虑。图书馆可以借鉴BPR、ERP理论,以流程再造的观念进行组织架构的战略重组。将新技术应用于业务工作中,建立集藏、借、阅、参等多种功能于一体的服务结构,突破原部门职能分工的严格界限。其中,对知识产权小组的直接引入则是重中之重,这是图书馆能够充分、合理利用现有信息资源而不违背职业道德的最可靠保障。

(二)以图书馆为中心做好信息资源规划

从以家庭生产为主导的农业社会,到以大规模流水线生产为特征的工业社会,到今天全球经济发展一体化的信息社会,信息资源的变换模式与现实社会组织间的协同工作模式

相互作用、相互影响；信息资源的开放、交换、共享，带动了经济发展与社会进步。智慧的城市管理和创新的城市管理模式引领着城市信息化建设的发展方向；信息资源的有序共享、开放也在不断改变着人与社会、人与自然环境之间的信息交互模式，不断提升全社会整体的效能。因此，加快公共图书馆信息资源开发利用，会在经济社会发展过程中形成倍增效应。

（三）构建专业的图书馆咨询团队

互联网时代的图书馆对传统的参考咨询业务造成了极大的冲击。因此，图书馆应当整合人员、技术、信息资源，构建一个专业的咨询团队，依托有效的知识成果转移，来实现图书馆的合理转型，提高图书馆服务社会的功能，树立图书馆的崇高社会地位。为此，可以用这样一个绩效模型来表示。我们可以了解所谓的"知识提供方"已经不再是指单一的纸质文献或者电子文献，而是高学历、高素质的，具备参考咨询素养的学科馆员。他们不负责图书馆的日常和一般性活动，而是专业的信息咨询或服务人员。传统的咨询和现代化的网络咨询要充分结合，才会有知识接收方对知识成果的有效吸收。事实上，从提供方到接收方的这个传递并不是100%有效合理，这与馆员素质和馆藏质量有着密切相关的联系。

（四）借助图书馆平台网站服务于政府信息公开实践

智慧城市的核心是最大限度地开发利用信息和知识资源。作为公共服务机构的各级公共图书馆，除了坚决落实国家有关"三馆"免费开放的积极政策之外，还要利用自身的文化信息传递优势协助信息公开实践的发展。现实中，图书馆网站平台很少或基本上没有直接反映政府信息公开的内容。相当多的读者希望了解某些方面的具体信息，却因为不清楚信息源的来源（发布某一信息的主管部门）而不得不苦苦寻找。图书馆可以依托自身文献信息检索的优势，整合政府信息资源，建立相应的检索系统和检索策略，将检索入口放在图书馆平台比较显眼的地方，方便用户浏览和查找所需信息。

第七章　公共图书馆城市书房建设与发展

第一节　城市书房的功能及特征

随着社会经济的迅速发展，群众的精神文化诉求不断增加，公众为不断提升自身社会力量配合公共图书馆参与建设的一种向社会公众免费开放的新型公共阅读空间，是传统图书馆开展基层服务的创新形式，能推动基层图书馆服务的高质量发展。

一、城市书房的基本功能

首先，城市书房的主要作用是缓解公共图书馆的服务压力。由于公共图书馆的地理位置限制和读者受众的交通条件限制，公共图书馆的服务往往难以满足大众的阅读需求。城市书房大多建设在人流量大的市区和居民社区周围，因此可以更好地辐射周边地区，满足更多读者的阅读需求。

其次，城市书房同公共图书馆一样有着较为丰富的阅读资源，其依托专业化的总分馆管理运营模式，能为社会公众提供图书阅读、参考咨询等各类公共服务。

最后，城市书房的发展还能推动图书馆基层服务的快速发展，为全民阅读活动的有效开展提供基础保障。

二、城市书房的服务特征

城市书房的出现源于政府和公共图书馆对全民阅读理念的大力推广，并为公众获取公共阅读资源提供场所设施和产品服务。各城市的城市书房的特点不同，但整体而言，城市书房的服务大多具有公益性、不间断性、多主体参与性及服务智能性等特征。

（一）公益性特征

公益性是城市书房服务的基本特征。其公益性主要表现在城市书房的服务内容是向社会公众提供更多的、不需要付费的文化服务。城市书房多建设在人流量密集的商业区和居民社区周围，其不仅成为城市的一种标志性建筑，也可以在推广公益性服务的同时满足社区居民的基本文化需求。

（二）不间断性特征

城市书房通常是全天候、不间断地为市民提供公共文化服务。这种公共文化服务与公共图书馆的服务不完全相同，城市书房不间断的图书馆服务，弥补了图书馆闭馆时读者阅读需求的服务空白。城市书房通过提升服务效率，一定程度上能满足社会公众的个性化需求。

（三）多主体参与性特征

城市书房虽然由政府主导，但是其完善和落实也需要社会力量共同参与。近年来，政府逐渐重视社会力量在推动全民阅读过程中发挥的作用，如2015年我国财政部、发展改革委、人民银行发布的《关于在公共服务领域推广政府和社会资本合作模式的指导意见》指出，要构建保障政府和社会资本合作模式持续健康发展的制度体系，规范推进政府和社会资本合作项目实施。因此，城市书房的建设和发展，离不开政府部门和社会相关力量的协同推进，多主体参与建设，才能确保我国的城市书房项目顺利落实。

（四）服务智能性特征

智能化服务是提升城市书房服务效率的重要内容。大部分城市书房是二十四小时不间断服务的，因此，它们需要充分利用各种现代信息技术，实行进出门禁管制方案。社会公众可以凭借身份证、市民卡、借阅证等证件出入城市书房，以实现二十四小时开放而无须安排固定人员值守的目标。此外，城市书房还利用大数据技术、人工智能技术等为群众提供更加专业化的智能服务。在读者进行自助服务的过程中，城市书房利用大数据技术收集读者的阅读兴趣和偏好数据，在此基础上进行数据分析，从而为读者提供有针对性的服务。

第二节　城市书房的建设现状

城市书房一定程度上缓解了公共图书馆的服务压力，但其建设过程中存在不少问题，这些现实问题都需要多方主体协力解决。

一、城市书房的建设资金有限

作为一种新型的公共阅读空间，城市书房的前期准备工作以及后续开放工作都需要投入大规模的资金。由于城市书房的公益性和辐射社区公众的特点，群众对城市书房有相当大的需求，且各城市书房都需要搭建相应的配套设施，这些都需要在建设过程中投入大量的资金。在城市书房开放后，相关的公共图书馆需要为其提供大量的图书，政府也要为其配备相应的工作人员。因此，城市书房的建设需要耗费大量的人力、物力。

二、城市书房的服务模式有待完善

从目前城市书房的建设情况来看，大多数城市书房尚未建立相关的、相对健全的服务标准，很多城市书房也没有形成适合当地的、成熟的服务模式，只是一味地模仿其他地方城市书房的建设样式。此外，部分城市书房并未配备专业的服务人员，而是通过招募志愿者的方式为群众提供服务，这就可能出现服务人员对设备的操作不够熟练和服务不专业的情况。尽管目前城市书房已经受到政府、公共图书馆和社会公众的广泛关注，但其仍未建立相关的服务标准与规范，缺乏专业性指导。再加上我国城市书房的建设进程较晚，缺乏理论研究和服务经验，其服务模式也有待完善。

三、城市书房建设的社会参与力量具有不稳定性

作为由政府主导、社会力量参与建设的一种新型城市公共阅读空间，城市书房除了需要政府部门的大力支持，还需要社会力量的参与。社会力量可以是实体书店、公司企业、旅游景区和文化爱好者组织等。社会力量加入城市书房建设可以优化资源配置，更好地为城市书房服务。但这种依赖社会力量的方式可能会为城市书房的发展带来一些潜在风险。一些社会力量如公司企业，如果其自身发展过程中出现经营困难，就容易对其提供服务的城市书房发展产生影响。可见引入社会力量参与城市书房的建设虽然具有可行性，但也存在一定的风险和不稳定性。

第三节 城市书房发展的优化路径

城市书房从 2015 年起步建设，经过六年的发展已经取得一定成效，成为一道引人注目的城市文化风景，得到了市民的广泛好评，中央主流媒体多次聚焦报道。然而，城市书房发展时间尚短，具有一定的发展局限，主要体现在以下两个方面。一是"自我造血"能

力不足。大多数城市书房资金投入有限，长期依靠政府财政支持，运营难以为继。二是过度追求新鲜和"颜值"，管理不足。目前，大多数城市书房配备了咖啡和轻食，成为追求新鲜时尚的网红打卡地，但这只是形式上增加书房的"颜值"，书香却淡下来了。有些城市书房在图书资源配置上缺乏精心设计，而是以言情、励志类快餐文化为主，未充分融合地方人文特色。针对这些问题，城市书房应积极探索建设多元运营保障机制，汇聚社会力量，在融合当地人文特色和读者需求的基础上，增加有吸引力的图书资源、电子资源，举办有意义的文化活动。

一、深化合作共建

政府部门可以通过税收优惠和财政补助等方式鼓励社会企业合作，以清单制、"放管服"、政府购买等方式创造宽松的政策环境，引导社会共建共享，以此减轻财政负担。政府也可以充分挖掘企业的建设潜力，深入分析银行、房地产等社会企业的投资愿望。有的房地产企业愿意承建城市书房以提高楼盘吸引力，打造企业品牌；有的银行也有强烈的合作愿望，希望通过建设城市书房塑造良好的企业形象；社会企业则希望通过与城市书房合作实现回报社会的责任担当。政府招标选择的共建单位，大多数都希望通过合作实现营利增长，城市书房共建可以在一定程度上实现合作方和政府的双赢。这样，政府部门利用社会资源扩大了公共文化服务供给，以较少的成本撬动较大的社会资本，社会力量则借助政府部门的资源、技术、专业优势，帮助企业塑造良好的文化形象。政府部门还可以允许城市书房合作方设立自动售货机、饮品吧台、广告位招租等，在不影响读者阅读的情况下适当盈利。

二、以主题活动形成文化影响力

城市书房建设要紧扣城市历史人文、社会经济主题元素，形成独特的文化影响力。城市书房可以通过策划各种文化活动提高自身的文化内涵，进而提升吸引力、凝聚力和文化影响力。在春节、端午节、中秋节、重阳节等重要节日，城市书房可以策划一些市民喜闻乐见的活动，既起到传承传统节日文化、营造节日气氛的作用，又可积聚人气。平时，城市书房可以发挥文化传播平台作用，举办主题沙龙、品书会、人文讲座等。

三、深入推进服务智慧化

由于人力资源有限，城市书房必须走不依赖人力管理的智慧化服务路线，在技术服务上不断探索和革新。城市书房可以引入自助设备，如 RFID 智能化管理系统、感应式空调及照明系统、自助办证借还一体机、自助图书杀菌机；利用微博、微信公众号、城市书房

App 等搭建与读者沟通交流的桥梁。如温州市朝夕城市书房用朗读亭吸引读者前来自助训练朗读技能，体验朗读的快乐；扬州市城市书房试点人脸识别借还书和出入门禁。未来，城市书房可考虑使用人脸识别、选座系统等技术追踪手段，将不文明读者的信息暂时列入黑名单，其他读者可通过微信小程序、城市书房 App 等软件向管理人员举报不文明行为。在智慧服务方面，城市书房可以大力推行机器人领路讲解、智慧阅读推广，使用智能设备满足读者需求。

四、健全和完善城市书房建设与服务标准

目前，许多城市没有制定城市书房的服务标准，导致服务质量较低。温州、上海、扬州等城市出台的书房建设标准值得其他城市学习借鉴，各地可根据实际情况不断完善此标准。在管理上，城市书房应安排专人负责，图书配置、活动策划请专业人员负责，做好前期调研和服务效果自评。在沟通反馈上，城市书房可设置读者建议和投诉邮箱，及时处理读者的意见及建议。公共图书馆总馆应制订详细的城市书房年度业绩考核方案，落实责任管理。对于合作共建的城市书房，总馆要制定单独的服务评价标准，将读者意见、图书借阅率、开放时长作为重要的评价参考。

城市书房辐射范围广，惠民效益高，是解决公共文化服务"最后一公里"问题的新载体。城市书房是开展全民阅读的"毛细血管"，能够消除公共文化服务盲点，推进当代公共图书馆服务创新和转型升级，有利于实现均等化、便利化、社会化、智慧化的公共文化服务。作为一种带有创新意义的公共文化服务载体，城市书房在深入推进全民阅读、满足人民群众精神文化需求、提升城市文明形象上发挥独特作用，成为提升城市影响力和综合竞争力的重要组成部分。

参考文献

[1] 〔美〕赫恩. 塑成建筑的思想 [M]. 张宇, 译. 北京: 中国建筑工业出版社, 2006: 17.

[2] 鲍家声. 图书馆建筑 [M]. 北京: 书目文献出版社, 1986.

[3] 曹珺. 公共图书馆特色阅读空间建设的思考与启示 [J]. 甘肃科技, 2022, 38 (23): 72~74+79.

[4] 陈纯. 公共图书馆智慧化转型效果的影响因素分析 [J]. 河南图书馆学刊, 2023, 43 (03): 38~42.

[5] 陈丹. 现代图书馆空间设计理论与实践 [M]. 上海: 上海社会科学院出版社, 2020.

[6] 陈敏, 刘建, 王佳怡. 我国城市书房发展现状、特点与优化路径 [J]. 人文天下, 2022 (04): 8~12.

[7] 陈艳云. 城市书房安全管理现状分析和对策研究 [J]. 河南图书馆学刊, 2022, 42 (09): 100~102.

[8] 程晓燕. 新形势下公共图书馆功能拓展与创新 [J]. 创新科技, 2016 (08): 95~97.

[9] 付超. 公共图书馆智慧化空间服务模式研究 [J]. 图书馆界, 2021 (06): 59~62+79.

[10] 付立宏, 杜洋. 公共图书馆用户行为规范配置的整合机制 [J]. 图书馆学研究, 2020 (18): 14~25.

[11] 龚碧染. 智慧图书馆建设下的阅读推广工作 [J]. 江苏科技信息, 2023, 40 (10): 28~30.

[12] 姜建军, 郝书清. 美国图书保护情况概述 [J]. 黑龙江图书馆, 1982 (04): 39~43.

[13] 李娟. 公共图书馆智慧服务研究: 核心要素、框架构建及发展路径 [J]. 铜陵学院学报, 2022, 21 (03): 88~91.

[14] 李瑞欢. 公共图书馆工作实务 [M]. 北京: 现代出版社, 2018.

[15] 李婷婷.公共图书馆建设中引导社会力量参与的创新路径［J］.文化产业，2022（27）：103~105.

[16] 李晓东.公共图书馆智慧服务模式解析与展望［J］.河南图书馆学刊，2014，34（10）：2~4.

[17] 李晓飞.城市书房建设现状及发展展望［J］.出版广角，2022（03）：85~88.

[18] 林晓旻.智慧技术下公共图书馆阅读推广模式研究［J］.数字通信世界，2023（02）：157~160.

[19] 刘春燕.智慧图书馆实践探索：一个元宇宙视角［J］.大众文艺，2022（14）：148~150.

[20] 卢倩.我国省级公共图书馆智慧服务实践研究［D］.安徽大学，2021.

[21] 陆和建，谢雨，李静丽.基于智慧城市理念的公共图书馆建设研究［J］.新世纪图书馆，2012（07）：12~15.

[22] 罗慧敏.图书馆空间设计理念研究［M］.北京：社会科学文献出版社，2017.

[23] 吕春燕.元宇宙视域下智慧图书馆建设的模式与路径［J］.文化产业，2023（05）：97~99.

[24] 马宝珍.大数据背景下公共图书馆管理策略研究［J］.中国管理信息化，2020，23（02）：161~162.

[25] 马慧生，李蓉，吴玉萍.从"悠·图书馆"看高校图书馆空间设计与新馆建设思路的转变［J］.图书情报工作，2014，58（S1）：113~114+118.

[26] 马祥涛.公共图书馆建设发展中的公众参与研究［J］.图书馆理论与实践，2021（03）：22~29+64.

[27] 邱冠华，陈萍.公共图书馆管理实务［M］.北京：北京师范大学出版社，2013.

[28] 邱庆东.大数据时代智慧图书馆建设探析［J］.四川图书馆学报，2015（06）：12~15.

[29] 阮光册，杨飞.公共图书馆管理与服务［M］.上海：上海科学技术文献出版社，2015.

[30] 沈丹.公共图书馆管理与服务创新路径探索［J］.产业与科技论坛，2021，20（16）：279~280.

[31] 史宇清.元宇宙与智慧图书馆建设探讨［J］.出版广角，2022（23）：92~96.

[32] 孙美虹.关于公共图书馆创新管理模式的思考［J］.文教资料，2021（16）：44~45.

[33] 孙美虹.试论公共图书馆管理体制与管理理念的创新［J］.兰台内外，2021（17）：48~50.

[34] 童忠勇，夏恩赏．公共图书馆数字资源智慧化服务探究［J］．图书馆学刊，2023，45（02）：74~78.

[35] 万晓佳．公共图书馆城市书房建设的问题及策略探析［J］．传播与版权，2023（02）：78~80.

[36] 王安君．略论城市书房高质量发展的六个重要策略［J］．图书馆界，2022（04）：57~61.

[37] 王弼注．老子道德经［M］．北京：中华书局，1985.

[38] 王洁，邹金汇，袁珍珍，等．智慧公共服务中的公共图书馆智慧化［J］．四川图书馆学报，2022（03）：11~17.

[39] 王莉红．智慧化趋势下基层图书馆资源整合与共享策略分析［J］．河南图书馆学刊，2021，41（11）：126~127.

[40] 吴萍．新时代加强公共图书馆建设的探索思考［J］．内江科技，2023，44（02）：1~2.

[41] 吴政．智慧图书馆的本质、特征与实现路径［J］．国家图书馆学刊，2022，31（03）：12~21.

[42] 武英杰，宣姝．论新形势下公共图书馆文化功能的拓展［J］．现代情报，2002（12）：13~14.

[43] 许运南．公共图书馆参与公共文化服务的策略研究［J］．河南图书馆学刊，2022，42（01）：40~43.

[44] 杨春芳．基于用户服务公共图书馆采购管理［J］．中国城市经济，2011（08）：299.

[45] 杨玉麟，屈义华．公共图书馆资源建设与服务［M］．北京：北京师范大学出版社，2013.

[46] 姚雪梅．空间再造视角下公共图书馆主题图书馆建设研究［J］．图书馆学刊，2022，44（09）：21~27.

[47] 殷娟，唐小红．公共图书馆智慧阅读推广实践［J］．传媒论坛，2022，5（07）：96~98.

[48] 张保强．公共图书馆建设发展的前景与探讨——以重庆图书馆为例［J］．内蒙古科技与经济，2021（21）：133~134+137.

[49] 张博鑫，王艳茹，黄馨怡．城市书房建设对城市综合影响力的贡献［J］．黑龙江科学，2023，14（05）：43~47.

[50] 张秀锋．强化公共图书馆管理助力全民阅读［J］．商业文化，2021（04）：68~69.

［51］赵志耘，林子婕．元宇宙与智慧图书馆：科技赋能文化新路径［J］．图书情报知识，2022，39（06）：6～16．

［52］周沛．公共图书馆管理现状、问题及对策研究［J］．产业与科技论坛，2022，21（04）：277～278．

［53］周懿琼，边晓红．公共图书馆读者证管理及智慧化发展探析［J］．图书馆学研究，2021（24）：31～41．

［54］朱怡．数字环境下公共图书馆管理创新探析［J］．江苏科技信息，2021，38（19）：17～19．